BREVE HISTORIA DE
LA DEMOCRACIA

BREVE HISTORIA DE LA DEMOCRACIA

John Keane

Traducción de Ana Herrera

Antoni Bosch editor

Antoni Bosch editor, S.A.U.
Manacor, 3, 08023, Barcelona
Tel. (+34) 93 206 07 30
info@antonibosch.com
www.antonibosch.com

Título original: *The Shortest History of Democracy*

© del texto: John Keane, 2022
© de la traducción: Ana Herrera, 2022
© de esta edición: Antoni Bosch editor, S.A.U., 2022

This edition is published by arrangement with Black Inc. through International
Editors' Co.

ISBN: 978-84-124076-4-8
Depósito legal: B. 10347-2022

Diseño de la cubierta: Compañía
Maquetación: JesMart
Corrección de pruebas: Olga Mairal
Impresión: Prodigitalk

Impreso en España
Printed in Spain

*En memoria de C. B. Macpherson (1911-1987), sabio profesor,
modesto maestro de palabras, demócrata*

Índice

	2500 a. C.	Primeras asambleas populares en Siria-Mesopotamia.
	1500 d. C.	Surgen repúblicas gobernadas por asambleas en el subcontinente indio.
	1450 a. C.	La escritura lineal B de los micénicos incluye palabras como *dāmos* y *dāmokoi*.
	1100 a. C.	Se desarrollan las asambleas populares fenicias.
	650-600 a. C.	Empiezan a florecer las asambleas griegas.
	507 a. C.	En Atenas empieza la transición a la democracia.
	460-370 a. C.	Vida de Demócrito, el demócrata sonriente.
	336 a. C.	*Dāmokratia*, la diosa de la democracia, aparece en una ley ateniense esculpida en mármol.
	260 a. C.	Las tropas macedonias consiguen aplastar la democracia ateniense.

Época de la democracia asamblearia

	Década de 600 d. C.	Nacimiento del islam y la costumbre del *wakīl* (que representa a otros en asuntos legales, comerciales y religiosos).
	930	Asambleas de las islas Feroe e Islandia.
	1188	Primeros parlamentos surgidos en el norte de España.
	1215	Firma de la Carta Magna (una gran carta de libertades).
	1414-1418	Concilio de Constanza, donde los obispos eligieron un papa.
	1600	Alianzas divinas. Resistencia a la tiranía en Escocia.
	1644	La *Areopagitica* de John Milton. Defensa de la libertad de prensa.
	1649	Ejecución pública del rey Carlos I. Breve periodo de gobierno republicano en Inglaterra.
	1765	El marqués d'Argenson define la «verdadera» democracia en forma representativa.
	1776	Declaración de Independencia de Estados Unidos. Nacimiento de una república autogobernada.
	1789	Revolución francesa. Ejecución de Luis XVI.
	1791	Thomas Paine escribe *Derechos del hombre*, con gran éxito.
	Década de 1820	Nacimiento de competición multipartidos en las elecciones. Auge de los caudillos en la América hispánica.

Época de la democracia electoral

1835-1840	Se publica el clásico de Alexis de Tocqueville *La democracia en América* en dos volúmenes.	
	Introducción del voto secreto.	
Década de 1890	Derecho a voto para las mujeres en Nueva Zelanda, sur de Australia, Colorado, Utah e Idaho, y partes de Canadá.	
1900	Primeras reformas del Estado del bienestar en Uruguay.	
1920-1939	Destrucción de la democracia electoral por la tiranía morada, las dictaduras militares y el totalitarismo.	
	Empieza la Segunda Guerra Mundial.	
1945	Formación de las Naciones Unidas.	
	Los hijos de la luz y los hijos de la oscuridad, de Reinhold Niebuhr.	
1948	Adopción de la Declaración Universal de los Derechos Humanos.	
Década de 1950	Nueva Constitución india (26 de enero de 1950) y primeras elecciones generales (octubre de 1951-febrero de 1952).	
Década de 1960	Redes de derechos civiles, sentadas y seminarios.	
	Renacimiento del feminismo, derechos gais, derechos de los discapacitados y otros movimientos sociales.	
1972	Primeros partidos políticos verdes formados en Australia y Nueva Zelanda.	
1974	Revolución de los Claveles en Portugal.	
1989	Revoluciones de Terciopelo en Europa Central y del Este.	
	Colapso de la Unión Soviética.	
Década de 1990	Nelson Mandela liberado (11 de febrero de 1990) y fin del *apartheid* (27 de abril de 1994).	
	Celebraciones del triunfo global de la democracia liberal.	
Década de 2000	Retrocesos populistas en Brasil, Italia, Polonia, México y otros países.	
	Expansión del poder mundial de nuevos regímenes despóticos en China, Rusia, Turquía y Arabia Saudí.	
2020	Pandemia del coronavirus.	
	El Instituto V-Dem de Suecia informa de un marcado declive global del apoyo a la democracia.	

Introducción

Millones de ciudadanos en todo el mundo hoy en día se hacen preguntas de enorme importancia: ¿qué ocurre con la democracia, una forma de gobernar y de vivir que, hasta hace poco, nadie en todo el mundo cuestionaba? ¿Por qué se calcula que está en retroceso en todas partes, o a punto de extinguirse? Seguramente tienen motivos para hacerse esas preguntas.

Hace tres décadas la democracia parecía gozar de todas las bendiciones. El poder de la gente importaba. La resistencia popular al poder arbitrario había cambiado el mundo. Las dictaduras militares se desmoronaban. El *apartheid* fue derribado. Hubo una revolución de Terciopelo, seguida por otra de los Tulipanes, de las Rosas y de las Naranjas. Las ratas políticas eran arrestadas o sometidas a juicio, morían bajo custodia o eran ejecutadas al instante.

Ahora las cosas son distintas. En Bielorrusia, Bolivia, Myanmar, Hong Kong y otros lugares, la gente corriente es víctima de arrestos, prisión, palizas y ejecuciones. Parece que los demócratas están en desventaja en todas partes y da la sensación de que nuestra época está extrañamente desquiciada, turbada por la preocupación de que democracias de gran calibre como India, Estados Unidos, Reino Unido, Sudáfrica y Brasil se estén deslizando hacia un precipicio, arrastradas por la desigualdad social, la desafección ciudadana y la corrupción de las instituciones irresponsables. Cada vez son mayores los temores de que la democracia esté siendo saboteada por el furioso apoyo popular a los demagogos, o por el capitalismo vigilante, las pandemias, el auge de China, y los déspotas al estilo Putin que hablan el lenguaje de la democracia pero les importa un pimiento mantener su esencia. Al mismo tiempo, la complacencia y el escepticismo también están en auge: hay quien dice que hablar de enfermedad y de muerte inminente de la democracia es melodramático... que se trata de una descripción exagerada de lo que solo es un periodo pasajero de cálculo político y de reajuste estructural.

Breve historia de la democracia está inspirada por esas difíciles preguntas y dudas y pretende ofrecer una respuesta coherente: aunque prácticamente todas las democracias se enfrentan a su crisis más profunda desde la década de 1930, no estamos ni remotamente repitiendo ese periodo oscuro. Sí, poderosas fuerzas económicas y geopolíticas están menoscavando de nuevo el espíritu de la democracia. La gran pandemia que barrió el mundo en 2020 no ha hecho más que empeorar las cosas, como hizo la pandemia de gripe un siglo antes. El viejo adagio de que la gente corriente no cuenta para nada y de que la democracia es un abrigo de los ricos seguramente sigue siendo cierto en parte. También la extensión del control policial y la vigilancia de unos ciudadanos desilusionados. Con el declive gradual de Estados Unidos, la reemergencia de un confiado Imperio chino y los inacabables desórdenes ocasionados por el desmoronamiento de la Unión Soviética y el despotismo de la región árabe, nuestra época difícilmente se puede considerar menos tumultuosa o conflictiva. Y sin embargo (y este calificativo es fundamental), nuestros tiempos son así de perturbadores y desconcertantes precisamente porque son diferentes.

Una historia esperanzada

Comprender en qué son únicos nuestros tiempos requiere que nos tomemos el pasado muy en serio. Pero ¿por qué? ¿En qué es no solo de ayuda, sino vital, el recuerdo de las cosas pasadas, a la hora de considerar el destino de la democracia en estos años problemáticos del siglo XXI? Obviamente, la historia importa, porque cuando ignoramos el pasado invariablemente malinterpretamos el presente. Perdemos la medida de las cosas. Si no olvidamos, somos más sabios. Nos ayuda a tener una mejor valoración de las nuevas tribulaciones y problemas a los que se enfrentan casi todas las democracias actuales.

Y hay algo más. Este breve libro quiere despertar una sensación de maravillamiento ante la democracia. No se trata de analizar las cosas pasadas como un anticuario, una historia solo para la historia. Es más bien una odisea llena de giros y quiebros sorprendentes, una historia de esos momentos mágicos en que nació la democracia, o maduró, o llegó a un punto peliagudo. Este libro va siguiendo las continuidades duraderas, los cambios graduales, los momentos confusos, las súbitas convulsiones que han definido su historia. Presta atención a las sorpresas y reveses del pasado, momentos en que la democracia sufrió un golpe demoledor, o cometió un «democidio». Señala las incógnitas (por qué la democracia ha sido representada típicamente como una mujer, por ejemplo), y nos aporta unas cuantas sorpresas. También quiere sacudir las ortodoxias.

La historia puede hacer travesuras. Este libro dice adiós al tópico de que la democracia nació en Atenas y a la creencia intolerante de que el primer mundo islámico no contribuyó en absoluto al espíritu ni a las instituciones de la democracia. Se pronuncia a favor de una historia mundial de la democracia y, por tanto, rechaza la afirmación, influyente pero miope, del politólogo Samuel P. Huntington de que el acontecimiento más importante de nuestra generación es la «tercera ola» de democracia liberal al estilo americano desencadenada por los acontecimientos del sur de Europa a principios de la década de 1970. Demuestra por qué la democracia es mucho más que unas elecciones «libres y justas» periódicas, como pensaba Huntington, y por qué el nacimiento de la nueva forma de democracia monitorizada, en los años posteriores a 1945, ha sido mucho más trascendental, y sigue siéndolo hoy en día.

Si algo no es este libro es un lúgubre relato de catástrofes. Al prestar atención a los ritmos entretejidos de la democracia, lucha contra el estado de ánimo de escépticos y déspotas que creen saber que, en lo que respecta a la democracia, normalmente todo acaba mal. El libro está de acuerdo con la distinguida erudita francesa Nicole Loraux: la historia de la democracia ha sido descrita principalmente por sus enemigos, como el historiador y general militar griego Tucídides (c. 460-400 a. C.) y el diplomático y escritor político florentino Nicolás Maquiavelo (1469-1527). Por contraste, estas páginas toman partido por la democracia, pero intentan con mucha determinación desechar ilusiones y fantasías, y prevenir contra el peligro de que la historia pueda llegar a parecer una serie de jugarretas que hacen los vivos a los muertos. La democracia no tiene ninguna necesidad de una policía de la memoria. Este breve libro no pretende ser la última palabra sobre la democracia, por mucho que sepa sobre su pasado; ni saber por adelantado si las cosas irán bien o mal al final. No es absurdamente optimista ni dogmáticamente pesimista sobre el futuro, pero sí aporta esperanza.

La férrea defensa de la democracia que contienen estas páginas extrae su fuerza de los recuerdos de los caídos.

En la época anterior a las elecciones de noviembre de 2020, en Estados Unidos, la artista Amanda Phingbodhipakkiya (1992-) se asoció con el grupo de defensa de la sociedad civil MoveOn. Juntos produjeron una serie de carteles destinados a contrarrestar la desinformación e inspirar a los desilusionados ciudadanos para que depositaran sus votos y «continuasen luchando por su derecho a hacerlo».

Este libro está inspirado por una legión de personajes a menudo olvidados que comieron, bebieron, se rieron, suspiraron, lloraron y murieron por la democracia, gente del pasado distante, cuyas palabras y hechos inspiradores nos recuerdan que la democracia, entendida con el suficiente cuidado, sigue siendo el arma más potente inventada jamás por los humanos para evitar el abuso malicioso del poder. El libro investiga los oscuros orígenes y la relevancia contemporánea de antiguas instituciones e ideales, como el gobierno por asamblea pública, el voto de las mujeres, trabajadores y esclavos libertos, el voto secreto, la institución del jurado y la representación parlamentaria. Los que sientan curiosidad por lo que se refiere a los partidos políticos, las elecciones, los referéndums, la independencia judicial, las comisiones para investigar la verdad, la sociedad civil, las libertades civiles o la libertad de prensa, quedarán satisfechos. También los interesados en explorar las formas cambiantes y a menudo acaloradamente discutidas de la democracia, o la algarabía de razones en conflicto aportadas para explicar que es algo bueno, o algo malo, o por qué un rasgo impresionante de la democracia es que da a la gente la oportunidad de hacer estupideces y luego poder cambiar de opinión, y otras bromas al uso en cualquier noche electoral.

Una de las bromas más divertidas de la democracia, decía el ministro de propaganda del Reich de Hitler, Joseph Goebbels, es que da a sus enemigos los medios para destruirla, y podríamos añadir que convierte sus recuerdos en el polvo de los tiempos. Conviene tomarse muy en serio esta broma fascista de mal gusto. Varias veces en el pasado las democracias se tambalearon y cayeron y, a veces, no se recuperaron nunca. Este libro es un relato preventivo de los peligros que corre una democracia, pero también identifica sus puntos fuertes. Muestra que la historia no es un relato que se alinee con los enemigos de la democracia. Tampoco es un epitafio; no es un relato triste, en prosa y con notas a pie de página, de un desastre. Parafraseando al sabio Voltaire (1694-1778), ni es el sonido de unas zapatillas de seda en el piso de arriba ni el de unos zuecos de madera en el de abajo. Lejos de ser una secuencia de horrores, demuestra que la historia puede proceder a la defensa de los desheredados. La historia no es una necrológica; puede inspirarnos y motivarnos al constatar que esa preciosa invención llamada democracia normalmente se construye con grandes dificultades y, sin embargo, puede acabar fácilmente destruida por sus enemigos, por la irreflexión o por una inacción perezosa.

Contra el titanismo

Aunque nada en la democracia garantiza su supervivencia, suele alumbrar los cambios políticos y sociales. Aquí llegamos a una conclusión sorprendente, con consecuencias de largo alcance. Los demócratas no solo han alterado el rumbo de la historia (por ejemplo, humillando y derrocando a monarcas, tiranos, Estados corruptos e imperios enteros dirigidos por emperadores crueles o locos). También se puede decir, y he aquí la paradoja, que la democracia ayudó a hacer posible la historia. Cuando se entendió que consistía en que la gente se gobernara a sí misma, el nacimiento de la democracia tuvo como consecuencia algo que continúa resultando muy radical: el supuesto de que los humanos podían inventar instituciones que les permitieran decidir, en plano de igualdad, cómo querían vivir juntos en nuestro planeta. Esto puede parecer muy obvio, pero pensemos en su importancia por un momento. La idea de que meros mortales puedan organizarse en foros y deliberar sobre asuntos de dinero, familia, ley y guerra como iguales, y decidir un rumbo de acción... La democracia en este sentido fue una invención emocionante, porque se trataba, en efecto, de la primera forma de gobierno «maleable».

Comparada con regímenes políticos como la tiranía y la monarquía, cuya legitimidad y durabilidad dependen de unas normas fijas y congeladas, la democracia es excepcional porque requiere que la gente se dé cuenta de que todo está construido sobre las movibles arenas del tiempo y el lugar y, por tanto, que para no someterse a monarcas, emperadores y déspotas necesitan vivir abierta y flexiblemente. La democracia es la amiga de la contingencia. Con la ayuda de medidas como la libertad de reunión, los organismos anticorrupción y las elecciones periódicas, promueve la indeterminación. Hace más consciente a la gente de que las cosas no tienen por qué ser en el futuro tal como son ahora mismo. La democracia promueve las dudas sobre la supuesta «esencia» de las cosas, los hábitos inflexibles y los arreglos supuestamente inmutables.

Anima a la gente a ver que su mundo puede cambiar. A veces prende la chispa de la revolución.

La democracia tiene una cualidad *sauvage* (salvaje), como le gustaba decir al pensador francés Claude Lefort (1924-2010). Rompe las certezas, transgrede las fronteras y no se deja amaestrar con facilidad. Le pide a la gente que vea más allá del habla de los dioses, los gobernantes divinos e incluso de la naturaleza humana, y que abandone toda pretensión de privilegios innatos basados en la superioridad «natural» del cerebro o de la sangre, el color de la piel, la casta, la clase, la fe religiosa, la edad o las preferencias sexuales. La democracia desvirtúa el poder.

El satirista y escritor chino Lin Yutang trabajando en su invento, una máquina de escribir con caracteres chinos. Sus escritos se burlaban de la propaganda y la censura del gobierno nacionalista de 1930. El primero de sus muchos libros en inglés, *Mi país y mi gente* (1935), se convirtió en un superventas.

Animando a la gente a ver que sus vidas están abiertas a alteraciones, la democracia ayuda a tomar conciencia de lo que es posiblemente el principal problema político: cómo evitar que gobiernen unos pocos, los ricos o los poderosos, que actúan como si fueran inmortales intocables, nacidos para gobernar. La democracia resuelve el viejo problema del titanismo (el gobierno por parte de unos supuestos gigantes) defendiendo un orden político que garantiza que quién se lleva el qué, cuándo y cómo sea una cuestión permanentemente abierta. Desde sus orígenes, la democracia reconoció que aunque los humanos no éramos ángeles, al menos éramos lo bastante buenos, o llenos con la suficiente *schadenfreude*, para evitar que otros se comportasen como si lo fueran. Y la otra cara de la moneda: como la gente no es santa, no se puede confiar en nadie que gobierne por encima de los demás sin establecer controles a su poder. La democracia supone, como dijo una vez el escritor chino Lin Yutang (1895-1976), que los humanos son potencialmente más sinvergüenzas que gente honrada, y como no se puede esperar siempre que sean buenos, hay que encontrar maneras de hacer imposible que sean malos.[1] El ideal democrático es el gobierno de los humildes por los humildes y para los humildes. Significa el gobierno del pueblo, cuyo poder soberano para decidir las cosas no se entrega a ningún dios imaginario, ni tampoco a las voces estentóreas de la tradición, a autócratas o a expertos, ni se pierde por pereza irreflexiva, permitiendo a otros que decidan por nosotros los asuntos de interés público.

Sorpresas y secretos

Como la democracia anima a la gente a ver que nada del mundo humano, ni siquiera la llamada naturaleza humana, es intemporal, su historia está puntuada con momentos extraordinarios en los que, con unas probabilidades formidables en contra, y a pesar de todas las expectativas y predicciones, algunos individuos, grupos y organizaciones valientes desafiaron el *statu quo*, derribaron a sus amos y pusieron el mundo patas arriba. A menudo la democracia coge por sorpresa a la realidad. Siempre se pone de parte de los milagros terrenales. El dramático arresto y ejecución pública de reyes y tiranos, el motín espontáneo de ciudadanos descontentos, la inesperada resistencia a dictaduras militares y las elecciones generales por los pelos en los parlamentos están entre los dramas que cogen por sorpresa a los vivos y dejan a los que vienen después fascinados por el cómo y el porqué de semejantes avances decisivos.

Encontrar un sentido a esos dramas que acompañan los triunfos democráticos es difícil. Requiere olvidarse de certezas sólidas y bien fundadas. Nos fuerza a abrir los ojos, maravillados, a acontecimientos que todavía son mucho más maravillosos por el hecho de que la democracia oculta algunos de sus secretos más antiguos y preciosos a las mentes curiosas de las generaciones posteriores.

Consideremos un ejemplo: el hecho de que la democracia, tanto en tiempos antiguos como modernos, haya sido representada a menudo como una mujer. En 2019, en las protestas que condujeron al derrocamiento del dictador sudanés Omar al Bashir, participó una estudiante que se manifestaba vestida con una túnica blanca, Alaa Salah, reverenciada por su apasionada influencia en las multitudes y por hacer llamamientos a los manifestantes para que se alzaran en defensa de la dignidad y la decencia. El levantamiento del verano de 2019 de los ciudadanos de Hong Kong contra el gobierno de la China continental la vio aparecer, gracias a una financiación popular, como estatua de cuatro metros de alto, equipada con casco, gafas protectoras y máscara de gas, sujetando un palo y un paraguas. En la desafortunada ocupación de la plaza de Tiananmén en Pekín, la democracia, diseñada por alumnos de la Academia Central de Bellas Artes, aparecía como una diosa que llevaba una lámpara de la libertad encendida.

Alaa Salah, símbolo del levantamiento de un pueblo, encima de un coche y vestida con un *thoub* blanco, dirigiendo los cánticos para el derrocamiento del presidente Omar al Bashir en Jartum, en abril de 2019.

Remontándonos más en el tiempo, el artista italiano Cesare Ripa, de Perugia (c. 1555-1622), representó la democracia como una campesina llevando una granada, símbolo de la unidad del pueblo, y un puñado de serpientes retorcidas. Y gracias a los arqueólogos del siglo XX, tenemos pruebas de que los ciudadanos de Atenas (que eran todos varones) adoraban a una diosa llamada *Dēmokratia* cuando ejercían su derecho a resistirse a la tiranía y a reunirse en asamblea propia, bajo sus propias leyes.

Nuestro conocimiento detallado de esta diosa es limitado; en asuntos de democracia, la flecha del tiempo no vuela siguiendo una línea clara y predecible. Pero sabemos que el nombre usado por los atenienses durante casi dos siglos para describir su propia forma de vida (*dēmokratia*) era femenino. También sabemos que la Atenas democrática tenía el firme respaldo de una deidad, una diosa que se negaba al matrimonio y a la maternidad y a la que le fue otorgado el poder de dar forma a las esperanzas y temores de los hombres. Los atenienses hicieron algo más que imaginar su sistema de gobierno en términos femeninos: la democracia misma era comparada con una mujer con cualidades divinas. La *dēmokratia* era honrada y temida, era una figura fundamental que ostentaba el poder de dar o quitar la vida a sus suplicantes terrenales, los hombres de Atenas. Por eso una flota de buques de guerra atenienses recibió su nombre, y por eso los edificios y lugares públicos estaban adornados con su imagen.

En el rincón más noroccidental de la plaza pública conocida como el ágora, introducido justo debajo de una colina coronada por un enorme templo que sobrevive aún hoy en día, se encontraba un impresionante edificio con columnata, un templo cívico conocido como la Estoa de Zeus Eleuterios. El interior estaba lujosamente decorado, con una maravillosa pintura de la democracia y el pueblo de un artista corintio llamado Eufránor. Cómo la representó exactamente sigue siendo un enigma. Las pinturas no han sobrevivido, y, sin embargo, sirven como recordatorio del vínculo íntimo entre la democracia y lo sagrado, y del papel vital de la creencia de que en Atenas una diosa protegía su sistema de gobierno.

Esto lo afirma la imagen más famosa que sobrevive de la *Dēmokratia* en la antigua Atenas: tallada en piedra por encima de una ley de 336 a. C., muestra a la diosa adornando, escudando y protegiendo a un hombre barbudo y anciano que representa al *dēmos*, el pueblo.

Hay pruebas de que la diosa *De̅mokratia* atraía un culto de adoradores, y que su santuario también estaba ubicado en el ágora. Si eso es cierto, habría habido un altar de piedra en el cual los ciudadanos, asistidos por unas sacerdotisas, recitaban oraciones de agradecimiento y ofrecían sacrificios como pasteles, vino y miel, una cabra sacrificada o un cordero en primavera. Quizá hubiera *theoxenia*, invitaciones a comer a la diosa imaginada como huésped de honor, reclinada en un sofá espléndido.

DEMOCRATIE.

En la edición francesa de 1643 de la *Iconologia* de Cesare Ripa (1593), un libro muy leído de emblemas y virtudes, la democracia se presenta como una mujer campesina vestida de una manera muy rústica. Hasta bien entrados los tiempos modernos, la democracia era desdeñada por ser un ideal griego peligrosamente desfasado que autorizaba lo zafio y vulgar.

Las sacerdotisas, ligadas por su deber de asegurarse de que se mostraba el debido respeto a la diosa, quizá procedieran de alguna familia dirigente ateniense, o a lo mejor las nombraban por sorteo, quizá después de consultar a un oráculo. Elemento femenino en un mundo de hombres, las sacerdotisas tenían una autoridad misteriosa que no se podía profanar; la violación de este precepto conllevaba un castigo, que podía ir desde el aislamiento social hasta el exilio o la muerte. A cambio, las sacerdotisas ayudaban a proteger a la Atenas democrática de toda desgracia.

El arreglo tenía un corolario. Un mal comportamiento de la asamblea pública –por ejemplo, unas decisiones absurdas por parte de sus ciudadanos más prominentes– podía dar pie a un castigo, como el fracaso de la cosecha de olivas, la desaparición de los peces del mar o, como vamos a ver, el democidio: la autodestrucción de la democracia.

Primera parte
Democracia asamblearia

El episodio inicial de la historia de la democracia fue el nacimiento de las asambleas públicas: reuniones en las cuales los ciudadanos debatían libremente, accedían o discrepaban y decidían asuntos por sí mismos, como iguales, sin interferencia de jefes tribales, monarcas o tiranos. Llamémosla la edad de la democracia asamblearia.

Los orígenes de esta época son poco claros. Algunos han tratado de explicar la historia de que las raíces de la democracia se remontan a Atenas. La Antigua Grecia, dicen, ahí fue donde empezó todo.

La idea de que la democracia se creó en Atenas se remonta al siglo XIX, cortesía de figuras como George Grote (1794-1871), el banquero, erudito y político inglés cofundador del University College de Londres. Cuenta que una vez, hace mucho tiempo, en una diminuta ciudad del Mediterráneo, se inventó una nueva forma de gobierno. La llamaron *dēmokratia*, que significa autogobierno o gobierno (*kratos*) del pueblo (*dēmos*), y los ciudadanos de Atenas la celebraban en canciones y festivales, en dramas teatrales y en victoriosas batallas, en asambleas mensuales y procesiones de orgullosos ciudadanos que llevaban guirnaldas de flores. Tan apasionados estaban con su democracia, cuenta la historia, que la defendían con todas sus fuerzas, especialmente cuando lanzas y espadas los atacaban. Genio y agallas consiguieron para Atenas la reputación de ser la fuente de la democracia, responsable de darle alas y permitirle entregar sus dones a la posteridad.

De este a oeste

La leyenda de Atenas todavía seduce la imaginación popular, y la repiten eruditos, periodistas, políticos y expertos. Pero en realidad es falsa. Empecemos por la propia palabra. «Democracia» no ha tenido un origen conocido, pero a mediados del siglo v a. C. aparece la palabra *dēmos* en inscripciones atenienses y en prosas literarias. Quizá se usara antes, pero han sobrevivido pocas inscripciones de ese periodo, y los textos escritos entre el 460 y el 430 a. C. se han perdido. Antifonte (c. 480-411 a. C.), uno de los pioneros de la oratoria pública, menciona en su obra *Sobre el coreuta* la costumbre local de hacer ofrendas a la diosa *Dēmokratia*. El historiador Heródoto (c. 484-425 a. C.) habla de ella. También lo hace el comandante militar, político y panfletista ateniense Jenofonte (c. 430-354 a. C.), a quien no le gusta nada la forma en que la democracia debilita a oligarcas y aristócratas. También hay un importante pasaje sobre la democracia en *Las suplicantes*, una tragedia de Esquilo. Representada por primera vez en torno a 463 a. C. y gran favorita del público ateniense, informa de una reunión pública en la cual «el aire estaba erizado de manos, manos derechas muy levantadas, una votación plena, y la democracia convirtió la decisión en ley».

Así de sencillo. Pero hay pruebas de que la palabra *democracia* es mucho más antigua de lo que han dejado entrever los comentaristas de la Atenas clásica. Ahora sabemos que sus raíces se remontan como mínimo a la escritura lineal B de los micénicos, de siete a diez siglos antes, por lo menos. Esa civilización de la Edad del Bronce tardía tenía su centro en la ciudad fortificada de Micenas, situada al sudoeste de Atenas, en lo que hoy en día es la región de naranjas y olivos llamada Argolis. Durante más de 300 años, dominaba militarmente gran parte del sur de Grecia, Creta, las islas Cícladas y partes del sudoeste de Anatolia, en el Asia occidental. No está claro exactamente cómo ni cuándo empezaron a usar los micénicos la palabra de dos sílabas *dēmos* (o *dēmo*) para referirse a un grupo de gente sin poder que en tiempos tuvo tierra en común, o palabras trisílabas como *dēmokoi*, que significa un funcionario que actúa a favor de los *dēmos*. Pero es posible que esas palabras, y la familia de términos que usamos hoy en día cuando hablamos de democracia, tengan su origen mucho más al este, por ejemplo, en las antiguas referencias sumerias a los *dumu*, los hijos de un lugar geográfico que comparten vínculos familiares e intereses comunes.

Los arqueólogos han hecho otro descubrimiento que contradice la leyenda de Atenas. Los primeros modelos de democracia basada en una asamblea surgieron en las tierras que corresponden geográficamente en la actualidad a Siria, Irak e Irán. La costumbre del autogobierno popular fue transportada más tarde al este, hacia el subcontinente indio, donde a partir más o menos del 1500 a. C. aparecieron las primeras repúblicas basadas en asambleas. Como veremos, las asambleas también viajaron hacia el oeste, primero a ciudades fenicias como Biblos y Sidón, luego a Atenas, donde, durante el siglo v a. C., se decía con arrogancia que aquello era único en occidente, una señal clara de su superioridad sobre la «barbarie» políticamente depravada de oriente.

Los datos de que disponemos indican que ese periodo empezó en torno al 2500 a. C., en el área geográfica que hoy en día se conoce comúnmente como Oriente Medio. Allí se formaron asambleas públicas en las vastas cuencas fluviales excavadas entre colinas y montañas desiertas por los ríos Tigris y Éufrates y sus afluentes, y en las ciudades que surgían por primera vez en la historia humana.

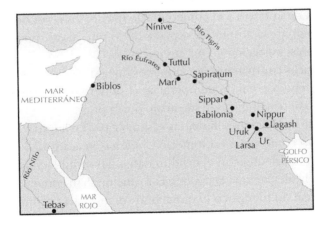

Establecidas en zonas de terreno fértil y agua abundante, las principales ciudades antiguas de Siria-Mesopotamia fueron la cuna de un autogobierno por asambleas entre 3200 y 1000 a. C.

Las antiguas ciudades sirio-mesopotámicas de Larsa, Mari, Nabada, Nippur, Tuttul, Ur, Babilonia y Uruk hoy en día parecen montones de tierra de un marrón grisáceo barridas por el viento, pero en torno al 3200 a. C. eran centros de cultura y comercio. Sus imponentes templos, los famosos *zigurats*, construidos a menudo sobre terrazas de piedra maciza o gigantescas montañas artificiales de ladrillos secados al sol, asombraban a los viajeros. Situados típicamente en el centro de una zona irrigada, donde la tierra era valiosa, estos lugares se beneficiaron de un crecimiento local vertiginoso de la producción agrícola. Fomentaron el auge de la artesanía y la administración y, en particular, el uso por parte de los escribas del estilete de punta rectangular para producir una escritura cuneiforme, es decir, en forma de cuña, y sirvieron como intermediarios del comercio a larga distancia de materias primas como el cobre y la plata.

Las ciudades variaban de tamaño entre las 40 y las 400 hectáreas, y eran muy densas, como nunca lo habían sido antes en la Tierra. Su dinámica dio forma a todos los rasgos de Siria y Mesopotamia, incluyendo sus modelos de gobierno. Durante tiempo se creyó que fueron reyes los que dominaron la región durante esos siglos. Pero los conflictos y tensiones permanentes sobre quién tenía cuánto, cuándo y dónde moldearon la institución de la corona en asuntos como la propiedad de la tierra y el comercio. De hecho, los reyes de la época no eran monarcas absolutos, a pesar de lo que hayan podido decir historiadores posteriores con prejuicios occidentales. Las pruebas arqueológicas confirman que, al menos dos mil años antes del experimento ateniense con la democracia, el poder y la autoridad de los reyes estaban restringidos desde abajo por la presión popular, a través de redes de instituciones llamadas «asambleas». En lengua vernácula, se conocían como *ukkin* en sumerio y *pūhrum* en acadio.

Estamos en deuda con el erudito danés Thorkild Jacobsen (1904-1993) por la idea de que las asambleas funcionaban como contrapeso al poder real. Él identificó lo que llamó «democracia primitiva», que floreció en el área de Siria-Mesopotamia, especialmente a principios del segundo milenio en Babilonia y Asiria. A él le gustaba decir que, para la gente de la época, la región era una especie de «Commonwealth» política que pertenecía a los dioses y era gobernada por ellos. Según se creía, esos dioses se reunían en asambleas, con la ayuda de los humanos, que formaban también asambleas, a imitación de ellos.

Thorkild Jacobsen en Irak, tomando notas durante la excavación
de un gran barrio residencial en las ruinas de la ciudad sumeria de
Tell Asmar, c. 1931-1932.

¿Hay algún fundamento en la idea de Jacobsen de la «democracia primitiva»? Tenemos dudas. La teleología escondida dentro de la palabra «primitiva» (la inferencia de que era la primera de su clase, un prototipo para lo que seguiría después) suscita unas preguntas difíciles sobre las conexiones históricas entre las asambleas del mundo griego y el mesopotámico. También supone que a pesar de las muchas diferencias de carácter y práctica de la democracia a lo largo del tiempo y el espacio, existe una cadena evolutiva intacta que vincula las democracias basadas en asambleas y la democracia electoral moderna, como si los pueblos enormemente distintos de Lagash y Mari y los babilonios fueran hermanos y hermanas de James Madison, Winston Churchill, Jawaharlal Nehru, Margaret Thatcher y Jacinda Ardern. También es un riesgo extender demasiado la palabra «democracia». Si usamos con demasiada libertad términos como «democracia primitiva» (o «protodemocracia», acuñado más o menos en la misma época por el antropólogo polaco-americano Bronisław Malinowski) caemos en la trampa de caracterizar a muchas sociedades como «democráticas» solo porque carecen de instituciones centralizadas y monopolios de poder acumulados, o porque prohíben la violencia contra sus miembros. No ayuda nada el uso anacrónico de la palabra «democracia» con orígenes en el lineal B. Y luego está la objeción menos obvia, pero más consecuente: si decimos que las asambleas de Siria-Mesopotamia son «primitivas», corremos el peligro de pasar por alto su *originalidad*.

Pero la obra de Jacobsen sigue siendo importante porque nos recuerda que las antiguas asambleas de Siria-Mesopotamia son los fósiles presentes en las ruinas de Atenas y otras democracias griegas, y en las asambleas del mundo fenicio posterior. Esas asambleas mucho más antiguas de Siria-Mesopotamia nos ayudan fundamentalmente a repensar los orígenes de la democracia. Nos invitan a ver que la democracia del tipo griego tiene raíces orientales, y que las democracias de hoy en día están en deuda con los primeros experimentos de autogobierno de pueblos que, durante gran parte de la historia, han sido descartados como incapaces de democracia en cualquier sentido. *Ex oriente lux*: la lámpara de la democracia basada en la asamblea se encendió por primera vez en oriente, y no en occidente.

Imitando a los dioses

¿Cómo eran esas asambleas? ¿Cómo funcionaban? Aquí damos con algo que es a la vez fascinante y desconcertante. Esas primeras asambleas de ciudadanos estaban inspiradas en mitos que daban sentido y energía a la vida cotidiana de la gente.

Para los habitantes de Siria-Mesopotamia, igual que para los griegos dos mil años más tarde, el cosmos era un universo lleno de conflictos y manipulado por fuerzas muy poderosas con personalidades individuales. Esas deidades habían emergido del caos acuoso de los tiempos primigenios, y había que temerlas porque lo controlaban todo: montañas, valles, piedras, estrellas, plantas, animales, humanos. Debido a su volubilidad, sacudían la tierra periódicamente con tempestades que causaban lluvias torrenciales e impedían los viajes, al convertir la tierra en barro. Los ríos locales crecían impredeciblemente a sus órdenes, destrozando barreras e inundando las cosechas. Unos vientos abrasadores asfixiaban las ciudades con un polvo sofocante, a instancias suyas.

Todo el mundo estaba en movimiento y, sin embargo, se decía que las deidades habían obtenido una victoria importante sobre los poderes del caos y que habían trabajado intensamente para proporcionar energía y movimiento al mundo, para crear el orden a través de su integración dinámica. El equilibrio consiguiente era el resultado de negociaciones que tenían lugar en una asamblea, un consejo divino que emitía órdenes para decidir los grandes acontecimientos del futuro, más conocidos como «destino».

Anu, también llamado An en sumerio, era considerado la personificación divina del cielo, antepasado de todas las deidades antiguas mesopotámicas, y fuente suprema de autoridad para los otros dioses y todos los gobernantes terrenales. Al menos en un texto se le describe como la figura «que contiene el universo entero».

Se calcula que había unos cincuenta dioses y diosas, pero los que manejaban el cotarro eran un círculo interno de siete. La figura más influyente era Anu, el dios del cielo, jinete de las tormentas que decidía la «asamblea ordenada de los grandes dioses». Se creía que esos dioses tenían la habilidad de conceder algunos de sus poderes a los humanos. Su favor se podía comprar. En Siria-Mesopotamia, «conseguir un dios» era una forma de autoempoderamiento. Se escribían cartas a los dioses, y despertaban el interés popular los festivales y procesiones que les pedían que actuasen. En todas las moradas había un santuario al dios elegido del hogar, que era adorado y al que se presentaban ofrendas cada día. Se suponía que la práctica de imitar los métodos de autogobierno de los dioses tenía el mismo efecto: al emular su capacidad de oratoria y de toma de decisiones colectiva, normalmente a través de negociaciones y compromisos basados en la discusión pública, podían florecer las primeras artes del autogobierno. De modo que en Siria-Mesopotamia, la costumbre de reunirse juntos para decidir las cosas tenía unas raíces paganas y politeístas. Cuando los ciudadanos de oficios y posición diversos se reunían para considerar algún asunto, se veían a sí mismos como participantes en el mundo de las deidades, como suplicantes de su benevolencia.

Más tarde, debido a los profundos prejuicios cristianos y modernos contra ese tipo de pensamiento mítico, las antiguas asambleas de Siria-Mesopotamia dejaron de ser reconocidas en las historias de la democracia. Hubo un elemento más que contribuyó a esa ignorancia: la economía política de la alfabetización. Se empezó a usar la escritura para facilitar el uso de una contabilidad más complicada, algo que se había vuelto vital para las ciudades en expansión y para las economías del templo. Las pruebas que nos han llegado indican que aunque la escritura permitió el nacimiento de una literatura significativa en Siria-Mesopotamia, la alfabetización se limitaba a las élites. Se llevaban registros sobre todo para el seguimiento del comercio, y para la administración de las instituciones públicas, como templos y palacios, y, por lo tanto, quedaban restringidos a las instituciones gubernamentales y los ricos. Esto ha tenido el efecto de hacer que las asambleas resultasen en gran medida invisibles a los observadores posteriores. El efecto se veía reforzado, paradójicamente, por la fuerza de esas asambleas: como las burocracias centralizadas, sobre todo la de palacio, monopolizaban los registros económicos y administrativos, las políticas descentralizadas que tenían lugar en las asambleas quedaban sin registrar, o eso dan a entender los datos de que disponemos.

Se cree que las palabras sumerias y acadias antiguas para asamblea, *ukkin* y *pŭhrum*, se referían, igual que en otros idiomas, tanto a una reunión informal de personas como a una institución de gobierno. Algunas de ellas eran rurales. Durante el segundo milenio, por ejemplo, los pastores del noroeste de Mesopotamia que vivían en tiendas se reunían regularmente para tratar de resolver asuntos de interés común. Eran habituales asimismo las reuniones en la ciudad para oír disputas y emitir juicios legales. El mandato de las asambleas incluía el poder de incordiar a los monarcas, como se observa en un texto político llamado *Consejo para un príncipe*, una tableta de arcilla recuperada de la biblioteca más antigua del mundo, en Nínive, en el norte del Irak actual. Escrita en Babilonia hacia finales del segundo milenio, advertía a los monarcas de que los dioses y diosas no contemplan con agrado la posibilidad de mezclarse con las libertades de la vida de la ciudad y del campo. Si un príncipe codicioso «coge plata de los ciudadanos de Babilonia y lo añade a sus propios cofres» o bien «juzga un pleito que implica a hombres de Babilonia, pero lo hace frívolamente», Marduk, señor del cielo y la tierra, «enviará a sus enemigos contra él [y] entregará sus propiedades y su riqueza a su enemigo». Estaban previstas penas similares para fechorías como no prestar atención a los consejos, juzgar o apresar injustamente a los ciudadanos e intentar forzarlos a trabajar en campos o templos. El texto recordaba a los príncipes presentes y futuros que las asambleas de Babilonia, Nippur y Sippar habían establecido (con ayuda divina) la inmunidad ante gobiernos despóticos o arbitrarios: «Anu, Enlil y Ea, los grandes dioses que moran en el cielo y la tierra, en su asamblea, afirmaban la libertad de aquellas gentes de tales obligaciones».[1]

Consejo para un príncipe fue copiado del texto original en torno a 700-650 a. C. y almacenado en la Biblioteca de Asurbanipal, una colección de aproximadamente 30.000 textos en piedra descubiertos en la década de 1840 en la antigua ciudad asiria de Nínive.

Los escépticos podrían preguntarse, comprensiblemente: para los poderosos, ¿las asambleas no eran acaso poderosas herramientas políticas, un oído abierto para los príncipes, de otro modo ensordecidos por la distancia de sus súbditos? ¿Y no operaban también las asambleas como canales para movilizar el apoyo en favor de las políticas del príncipe, dando así a estas una mayor oportunidad de ser adoptadas?

Las asambleas eran realmente canales vitales de comunicación entre gobernantes y gobernados en las pequeñas comunidades, donde a los gobernantes les resultaba virtualmente imposible evitar mezclarse con aquellos sobre los cuales ejercían el poder. Pero como las democracias griegas que siguieron, más de un milenio más tarde, las antiguas asambleas de Siria-Mesopotamia eran ocasiones en las cuales se intercambiaban información y opiniones, en particular las sospechas que despertaba el poder. En definitiva, en ellas se cultivaba lo que más tarde se llamaría «política» (es decir, discutir en público sobre quién obtiene cuánto, dónde y cómo). Tanto en el campo como en la ciudad, estas asambleas influían en las vidas de las personas. Jugaban su papel en temas que iban desde las disputas sobre el agua y la tierra a impuestos y seguridad pública. Con el tiempo, las asambleas populares se ubicaron en los templos más importantes de las ciudades. Esos templos, especialmente durante el primer milenio a. C., servían no solo como lugares de culto, sino también como espacios de deliberación y protección contra los ejercicios arbitrarios del poder. Lo mismo ocurría con las asambleas locales dentro de una ciudad: cada barrio tenía su asamblea de residentes, que también actuaba como tribunal que oía y resolvía disputas entre los vecinos.

La cualidad policéntrica de las antiguas asambleas de Siria-Mesopotamia garantizaba que no fueran solamente plataformas de los jerarcas locales, o de los sacerdotes, o de los emperadores ricos y poderosos. Eran también una fuerza política formidable por derecho propio. Pero ¿eran inclusivas? Sabemos que la asistencia a algunas asambleas era realmente numerosa. Las asambleas no eran propiamente seglares, ya que la distinción entre lo sagrado y lo profano no era clara entre aquellos pueblos, igual que tampoco lo era para los griegos. Los más ancianos solían desempeñar un papel de guía. Aunque la evidencia en cualquier caso es escasa, parece dudoso que las mujeres estuvieran incluidas de forma habitual. Los esclavos y los niños normalmente no tenían voz, pero existe el registro de un esclavo doméstico asistiendo a una asamblea en la ciudad comercial de Kanesh. Desde el periodo Babilonio Antiguo (c. 1700 a.C.) existen también registros de una asamblea a la que asistieron todos los residentes —tanto hombres como mujeres de toda procedencia social y ocupación— de un puesto en el Éufrates llamado Haradum, cuyo alcalde, Habasanu, estaba acusado de quedarse con los fondos de los contribuyentes.[2] En otros lugares, ceramistas, jardineros, cazadores de aves y soldados en servicio del templo local estaban entre los «plebeyos» que se sentaban habitualmente en las asambleas. Eran reuniones convocadas por oficios o profesiones particulares, como los mercaderes. Incluso existen indicios interesantes, exactamente de la misma época en que estaba floreciendo la democracia ateniense, que sugieren la existencia de asociaciones de autogobierno de extranjeros, como las asambleas de egipcios y otros inmigrantes en la Babilonia del siglo v. Asambleas como estas nunca existieron en Atenas.

Biblos y un rollo de papiro

Estas primeras asambleas resultaron ser geográficamente contagiosas. Se fueron extendiendo hacia el este, hacia lo que hoy en día es el subcontinente indio, donde en algún momento después del 1500 a.C., en el periodo Védico Temprano, mil años antes de la democracia ateniense, abundaron las repúblicas gobernadas por asambleas.[3] Gracias al comercio fluvial y a las rutas de caravanas que atravesaban las ciudades sirio-mesopotámicas como Mari, Tuttul y Nabada, la costumbre de deliberar en asambleas migró hacia el oeste, hacia las costas mediterráneas, que acabaron controladas por pueblos del mar como los fenicios, y también hacia nuestros primos griegos, que reclamaron para sí, con toda desfachatez, el honor de haber inventado las asambleas dándoles un nuevo nombre: democracia.

Un raro rollo de pergamino descubierto a finales del siglo XIX, conservado milagrosamente en las arenas del desierto de Egipto, revela el importante papel que desempeñaron los fenicios a la hora de mantener vivas las asambleas. Documenta las desgracias de un diplomático llamado Wenamon, de la ciudad de Tebas. Este viajó por mar en torno al 1100 a.C. hacia el próspero puerto fenicio de

Biblos, a 700 kilómetros al este de Atenas. Allí tenía encomendado comprar a los comerciantes locales madera de buena calidad talada de los bosques de cedros de las montañas cercanas. El negocio era sencillo: con el permiso del príncipe local, unos esclavos cargarían el cedro en un barco, fletado para que atravesase el extremo oriental del mar Mediterráneo, que descargaría en Tebas, donde los mejores artesanos locales transformarían la madera en una barcaza de río que se usaría en la sagrada flota del gobernante egipcio Ramsés XI (c. 1100-1070 a. C.) en honor de Amón, dios de la fertilidad y patrón de los faraones.

A pesar de prolongadas disputas sobre el pago y los retrasos causados por la nieve del invierno, la madera fue transportada por un equipo de 300 bueyes y cargada en el barco anclado en el puerto de Biblos. Pero horas antes de hacerse a la mar, atacaron las deidades caprichosas. El pobre Wenamon y su tripulación se encontraron rodeados por una flota hostil de once barcos tripulados por los vecinos Theker. Opuestos a este tipo de comercio, exigieron su arresto por parte de las autoridades locales. En el puerto en forma de luna creciente se reunió una gran multitud enfervorecida. Enviaron a un corredor con un mensaje para el príncipe local, Zakar-Ba'al, convocándolo para que resolviera la crisis. Reinaba la confusión. Wenamon y su tripulación temían por su vida.

El príncipe llegó al puerto. Para calmar los ánimos, proporcionó al enviado unos frascos de vino, una oveja para que la asara y una cantante para que elevara la moral. El príncipe informó a Wenamon de que se resolvería de la disputa y decidiría por la noche. «Cuando llegó la mañana», dice ese curioso documento, Zakar-Ba'al «hizo que se convocara su *mw-ʿdwt*, y se colocó en el centro de todos ellos, y dijo a los Theker: "¿Por qué habéis venido?"»[4]

El documento registra que Wenamon y sus hombres fueron escoltados a salvo más allá del puerto, y allí fuertes vientos hincharon sus velas, dándoles ventaja ante los piratas Theker. El resto de lo que ocurrió en Biblos no queda demasiado claro, pero aquí importa poco, porque los detalles no son interesantes, comparados con esa extraña palabreja, *mw-ʿdwt*, que aparece en el texto. Algunos arqueólogos o bien dejan su nombre en masculino en la forma transcrita —〰〰 ⬭ ◠ ⲉ ⲟ ⅼ o bien lo traducen, erróneamente, como «guardaespaldas». En realidad se trata de una antigua palabra semítica que significa «asamblea» o «consejo» (*môʿed* en hebreo) y que se usaba en algunos pasajes bíblicos, como aquel que hace referencia a los que son «famosos en la congregación», los «hombres de renombre» que se reúnen en «la asamblea» (Números 16,2). La misma palabra surge en Éxodo 27,21, donde Moisés ordena a los israelitas que cojan aceite hecho de olivas aplastadas a mano: «Aarón y su hijo procurarán [que las lámparas ardan] desde la tarde hasta la mañana, en presencia de Dios, en la tienda de la asamblea».

Fragmento de papiro del informe de Wenamon, descubierto en 1890 en al-Hibah, Egipto, y comprado un año más tarde por el egiptólogo ruso Vladímir Goleniščev. Ahora está en la colección del Museo Estatal de Bellas Artes de Pushkin, en Moscú.

Primeras asambleas griegas

El relato de Wenamon nos dice que existía una especie de autogobierno cinco siglos enteros antes del experimento ateniense con la democracia. En la época de su expedición, Biblos, más tarde llamada Gebal, y hoy en día conocida como Jebail, situada en la turbulenta república del Líbano, era una ciudad-Estado marítima pequeña pero floreciente. Su reputación era muy alta en el mundo antiguo del Mediterráneo, no solo por su madera y su papel, ya que algunas palabras muy importantes como el prefijo «biblio» (de biblion = folleto) que se usa en «biblioteca» o «bibliografía», o «Biblia» (biblos = papiro, rollo) están asociadas con ella, sino también por su sistema de gobierno por asamblea. Incluso merece una mención en la Biblia, donde la región se describe como zona de libre comercio e intercambio. «Tus fronteras están en medio del mar», dice un pasaje muy conocido, que habla no solo de los preciados trigo, miel, aceite y bálsamo de las tierras de Israel, y de los mástiles de barco de excelente calidad tallados de los antiguos cedros del Líbano, sino que habla también de una asamblea que comprendía «a los ancianos de Gebal y a sus hombres sabios» (Ezequiel 27,9).

La historia de Wenamon explica algo mucho más general: gracias a los fenicios, las asambleas democráticas arraigaron entre los Estados de habla griega repartidos por todo el Mediterráneo. Esas asambleas florecieron al principio muy separadas de Atenas: ciertamente, mucho antes de la última década del siglo VI a. C., cuando los habitantes de esa ciudad empezaron a construir una democracia. Las pruebas de la existencia de esas asambleas tempranas han quedado destruidas por el tiempo. Los fragmentos que sobreviven no se han beneficiado de los intensos esfuerzos de resurrección arqueológica aplicados a Atenas. Y todo se ha visto empeorado por la mala organización de unos museos escasos de fondos, y por el robo de los tesoros de sus colecciones. Sin embargo, todavía siguen existiendo huellas fiables, como la referencia al «*dēmos*» en una roca volcánica rojiza, encontrada en el sur de Quíos y fechada en el 575-550 a. C., y el pequeño bloque de esquisto gris del templo de Apolo Delfinio en Dreros, fechado en 650-600 a. C. Ese trozo de piedra es de gran interés porque quizá sea la ley griega más antigua que sobrevive, y la primera que menciona a los «*damioi*», un grupo involucrado en la toma de decisiones sobre los asuntos de interés común de la ciudad.

Ahora sabemos que había en total unas 200 ciudades Estado griegas como Dreros y Quíos. La mitad de ellas probaron la democracia en un momento u otro. Los detalles de esas *dēmokratiai* tempranas, como se las conocía localmente, no son noticias totalmente buenas para los demócratas de hoy en día. Sufrieron derrotas y destrucciones, ya fuera por conquistas militares, por conspiraciones de los ricos, por tiranos empecinados, o bien por las tres fuerzas combinadas de alguna manera o en algún orden. Su mala fortuna nos indica el carácter absolutamente contingente de la democracia, y lo fácil que es que acabe dispersa a los cuatro vientos.

La ley de Dreros, tallada en esta piedra, dice: «La ciudad ha decidido; cuando un hombre ha sido *kosmos*, ese hombre no podrá volver a ser *kosmos* durante diez años. Si, sin embargo, actúa como *kosmos*, sean cuales sean sus sentencias, deberá pagar doble, y perderá sus derechos al cargo mientras viva, y lo que decida como *kosmos* quedará en nada. Los jurados serán el *kosmos* y los *damioi*, y los veinte de la ciudad».

Pero hubo muchas que resistieron, algunas de ellas depredando Atenas durante más de una generación. Esas asambleas tan resistentes nos enseñan a considerar la amplia variedad de formas en las cuales se pueden construir democracias, capaces además de sobrevivir a las dificultades. También nos alertan sobre la asombrosa diversidad de especies de la democracia asamblearia.

Consideremos la próspera isla de Quíos, situada justo a ocho kilómetros de la costa de Asia, donde en torno al 575-550 a. C. se fundó una democracia marítima. Esta sociedad dependía de una importante población de esclavos-trabajadores ocupada en la viticultura, y de una élite que exportaba ese vino y comerciaba con otras mercancías. Los ricos terratenientes tenían un peso político considerable, y es probable que intentaran imponer su voluntad sobre un consejo de magistrados, un cuerpo que los isleños llamaban la *boule demosie*, y por eso una tableta de piedra bien visible recordaba a diario a la aristocracia que se comportase, que recordase que la palabra final en asuntos públicos pertenecía al *dēmos*.

Entre los casos más antiguos y fascinantes de la democracia griega se encuentra el Estado ciudadano de Ambracia. La colonia fue establecida en algún momento entre el 650 y el 625 a. C. en el recodo de un río navegable, a pocos kilómetros del mar, tierra adentro, en medio de una llanura boscosa y fértil. Su autogobierno mediante una asamblea pública data del 580 a. C. aproximadamente, más de setenta años antes de que se convocara una asamblea en Atenas. Fiel a la regla de que los Estados democráticos raramente se fundan democráticamente, la democracia de Ambracia, basada en la asamblea, nació de un levantamiento contra el duro gobierno del dictador Periandro.

Parece que hubo gran indignación cuando circuló el rumor de que, durante una orgía en la que se bebió mucho, Periandro preguntó a su joven amante masculino si se había quedado ya embarazado. Ese desaire causado por un comentario en una sociedad tolerante con la homosexualidad masculina pero ambivalente con respecto a las mujeres, no resulta comprensible para nosotros. Tan grave fue el insulto que al parecer provocó que el amante ofendido de Periandro organizara una conspiración para derrocar al gobernante, impulsando a una coalición entre el *dēmos* local y los enemigos de Periandro, presumiblemente propietarios desafectos. Según Aristóteles, «el *dēmos* se unió con los enemigos del tirano Periandro para derrocarlo y luego se apoderó de la propia Constitución».[5]

Las antiguas democracias griegas que se remontan al siglo VII a.C. incluían Estados ciudadanos tanto del continente como de las islas del Mediterráneo.

En todo el mundo griego hubo ejemplos del gobierno de los más pobres, por ejemplo, en la próspera ciudad siciliana de Siracusa, donde nació la democracia en torno al 491 a.C. con un levantamiento contra los terratenientes que gobernaban (llamados *hoi gamoroi*). La siguieron prácticamente todas las demás ciudades de Sicilia; la tiranía, la oligarquía y la monarquía, las tres alternativas políticas principales del periodo, sufrieron allí graves derrotas durante el siglo V. Hacia el 460 a.C., el autogobierno popular también había llegado a una serie de ciudades en el sur de Italia, a la isla jónica en forma de hoz de Córcira (el Corfú de hoy en día), y al Peloponeso continental. De uno de esos Estados, Elis, viene una interesante inscripción al final de una ley muy larga, probablemente fechada en los primeros años del siglo V a. C., que indica que las leyes escritas de Elis podían ser derogadas no por el dictamen de un tribunal (*dika*) sino solo por medio de una ley pública aprobada por «todo el pueblo reunido» (*damos plethyon*).

Durante algún tiempo la vecina Mantinea también había sido una vibrante democracia agrícola gobernada por una clase de pequeños terratenientes llamados *dēmos ho georgikos*, un grupo social que era la espina dorsal del tipo de democracia mejor y más antiguo, según la opinión de Aristóteles. En Mantinea, igual que quizá en otras 100 ciudades-Estado del mundo griego, la democracia asamblearia demostró ser una cura innovadora frente al abuso de poder: un nuevo método de evitar la tiranía que se practicaba en toda la región, incluyendo sobre todo Atenas, donde durante el curso del siglo V a. C. democracia significó el gobierno por parte de una asamblea de ciudadanos varones adultos.

El auge de la democracia ateniense

¿Cómo era la vida en Atenas, considerada no hace mucho el lugar de nacimiento de la democracia asamblearia? En torno al 507 a. C., cuando empezó la transición a la democracia, su población ascendía a unos 30.000 hombres, esclavos, mujeres y niños. Cuando la democracia arraigó, esa cifra llegó a doblarse. La hinchaban decenas de miles de residentes extranjeros, llamados *metecos*, y comerciantes y viajeros que entraban anualmente por sus puertas, recorrían sus callejuelas serpenteantes y torcidas, y se entregaban a los brazos de una ciudad que los locales pensaban que había sido bendecida por las deidades.

El *pnyx*, un anfiteatro al aire libre en forma de cuenco en una colina que dominaba la ciudad, era donde se reunía la asamblea. Los ciudadanos atenienses contaban también con otro espacio público: el ágora, situada bajo la elevación noroccidental de la Acrópolis. Esa zona se consideraba el centro neurálgico de su ciudad-Estado, que se convirtió en la más poderosa del mundo griego. Y ellos se consideraban a sí mismos, orgullosamente, como una democracia. Con eso los demócratas de Atenas querían decir que su modo de gobierno era poder colectivo, no solo de hombres de familias importantes o de ricos, sino también de carpinteros, campesinos, constructores, marineros, zapateros, vendedores de especias y herreros. La democracia se valoraba como la forma de gobierno en la cual las gentes gobernaban como iguales, y los ciudadanos se unían entre sí y se protegían entre sí colectiva e individualmente de la ruina natural que llevaban consigo el paso del tiempo y la progresión hacia la muerte. Contrarrestando la fragilidad humana, lugares como el ágora y el *pnyx* funcionaban como refugios públicos. Proporcionaban la sensación de lo que los atenienses llamaban *aidós*: un bienestar significativo y un respeto mutuo. Era como si esos espacios públicos infundieran a los ciudadanos la sensación de una realidad sólida, confirmada diariamente por la presencia de otros. Eso era lo que quería decir el «filósofo llorón», el melancólico Heráclito (c. 540-480 a. C.), cuando dijo que los despiertos compartían un mundo público en común, mientras que aquellos que no se interesaban por los asuntos de la ciudad en realidad estaban dormidos, y volvían la espalda al gobierno para perseguir solo sus intereses privados.

La democracia ateniense no era seglar en un sentido moderno y reconocible por los europeos. Los defensores actuales de la «democracia deliberativa» y de las asambleas de ciudadanos aseguran que sus propuestas son fieles al espíritu fundador de la democracia al estilo ateniense, pero olvidan que todo el *ethos* de la democracia asamblearia mezclaba lo sagrado y lo profano, hasta el punto de que hablar de separación de religión y política no habría tenido sentido alguno para los atenienses. Su democracia tenía espacio para los disidentes, ciertamente. A principios del 440 a. C., el primer sofista, Protágoras de Abdera (481-411 a. C.), dijo a los atenienses que el hombre es la medida de todas las cosas, incluyendo las deidades, que quizá existían solo en la mente de los hombres. Otros probablemente estaban de acuerdo, o albergaban el mismo pensamiento en silencio. Pero la realidad era que la democracia ateniense era vista ampliamente a través de ojos sobrenaturales. Los atenienses aprendían desde una edad muy temprana, a través de los cultos religiosos y los rituales practicados dentro de sus hogares, que la vida estaba anclada en un universo politeísta de dioses y diosas, y que esa comunidad de deidades infundía sobre aquella democracia un fuerte sentido de estándares sagrados.

La Acrópolis de Atenas (1846), una imagen idealizada de la Atenas democrática en todo su esplendor, retrata a ciudadanos ricos y bien educados reunidos en el ágora, bajo el Partenón y la Acrópolis (coronada por la estatua colosal de Atenea).

Como en Siria-Mesopotamia, los ciudadanos de Atenas ponían grandes esperanzas en sus deidades. También las temían. El juicio y la ejecución públicos del filósofo Sócrates en 399 a. C. por importar falsos dioses a la ciudad y por corromper de una forma impía a sus jóvenes confirmaban que aquellos que desdeñaban a las deidades reconocidas sufrían unos castigos muy duros. A los sacerdotes y ancianos les encantaba recordar a sus ciudadanos una historia tomada originalmente de Homero: que a la entrada del hogar de Zeus, el dios de la libertad, se encontraban dos grandes barriles. De ellos dispensaba cosas malas a algunos recién llegados, cosas buenas a otros, y al resto unas pocas cucharadas del barril bueno y un poquito del otro barril, el malo. Tales relatos ponían de los nervios a toda la ciudad.

Podemos reírnos de esos profundos sentimientos por lo sacro, pero muchos ciudadanos de Atenas creían de verdad que dioses como Zeus podían castigar al gobierno, por ejemplo, desencadenando tempestades o cosechas fallidas o la muerte de los robles, si sus miembros se comportaban de forma injusta.

El temor a los dioses y diosas de los atenienses también tenía otra cara, porque creían que las deidades ponían brío en el paso de los mortales, guiaban, ofrecían protección y llenaban de sentido las vidas de los devotos. Dicho con mayor precisión: ayudaban a los atenienses a enfrentarse a las contingencias de la vida. Su presencia no solo explicaba los desastres naturales y unos hechos de otro modo inexplicables, como las sequías y las epidemias, sino que también podían venir al rescate, especialmente en situaciones difíciles, cuando había que encontrar soluciones astutas a los problemas. También ayudaban a definir los asuntos vitales. La adivinación (acercarse a los dioses y diosas, o consultar los oráculos femeninos, cuyo trabajo era pasar mensajes de las deidades) recordaba a los ciudadanos su mortalidad y su necesidad de humildad. Las deidades alertaban diariamente a los atenienses de la necesidad de practicar el delicado arte de acercarse pacíficamente a aquellos que podían resultar difíciles o peligrosos, negociar con ellos y llegar a decisiones sobre la base de la confianza y el respeto mutuos. La adivinación servía también como freno a los líderes que se pasaban de listos o eran demasiado tozudos para pensar en los demás. Mantenía a raya al poder.

Existía un parecido asombroso entre los métodos de adivinación y la democracia. Había muchos dioses y diosas atenienses, pero ninguna revelación clara, ni había tampoco libros sagrados ni credos oficiales. Las deidades eran partidistas (conspiraban y favorecían un bando) pero estaban abiertas a la persuasión: había lugar incluso para jugar al tres en raya con ellas. De modo que igual que había que acercarse a las deidades, consultarlas e interpretar sus consejos antes de tomar decisiones, la democracia era una práctica en la cual los ciudadanos se sentían impelidos a reunirse respetuosamente en público y decidir en un plano de igualdad cómo vivir juntos, ante una enorme incertidumbre. La relación entre deidades y humanos era desigual; los dioses y diosas tenían el poder de causar molestias o destruir a los seres humanos. Pero era exactamente ese equilibrio de poder lo que hacía necesario para los ciudadanos del ágora complacer a las deidades imitando sus costumbres.

Género, esclavitud y poder

La adoración de la diosa Dēmokratia formaba parte de esa ecuación. La democracia ateniense era un asunto con un género profundamente marcado. La democracia estaba protegida por una diosa, pero muchos ciudadanos varones todavía daban por supuesta una división clara entre la vida pública del ágora y la privacidad del hogar, donde las mujeres se quedaban embarazadas y sufrían los dolores desgarradores del parto, educaban a sus hijos con historias y mitos, y los enseñaban a leer y escribir, y en la limpieza, mientras que la preparación de la comida y otras tareas domésticas se llevaban a cabo con la ayuda de sirvientes. El buen ciudadano venía equipado con un pene, cosa que nos recuerda también que existían profundas conexiones entre la homosexualidad y la democracia en su forma ateniense. Su democracia era una falocracia. Servidos por subalternos, los hombres se juntaban y gobernaban como iguales. Formaban asociaciones y pasaban mucho tiempo juntos en público. Les producía gran placer preparar y acicalar a chicos jóvenes para la vida pública. Los hombres se cogían de las manos y se besaban en compañía de otros. La exhibición de afecto y amor masculino estaba ligada a la búsqueda intensa de la belleza física, el placer y la profunda aversión a hacerse viejo… a expensas de las mujeres y los esclavos.

Todo el sistema de la democracia ateniense descansaba en la esclavitud. Ese hecho atormentó posteriormente a los demócratas, como vamos a ver. Pero en Atenas las conexiones eran tan profundas y amplias que a un observador externo se le habría podido perdonar que pensara que la democracia era una coartada astuta para que muchos pudieran ser esclavizados por unos pocos. El mismo observador podía haber constatado que dentro de la democracia ateniense algunos ciudadanos se hacían cada vez más ricos, al darles su gobierno los medios para importar y adquirir esclavos, especialmente para trabajar en la agricultura, industria y minería. Por eso el crecimiento de la democracia fue de la mano con la expansión de la esclavitud, y por eso poseer esclavos era un beneficio muy codiciado de la ciudadanía.

La diosa Dēmokratia coronando al Dēmos (el pueblo) personificado, en un
relieve ateniense fechado en torno al 336 a. C.

La esclavitud, por supuesto, era anterior a la democracia, y había muchos tipos de esclavos, pero ser ciudadano significaba estar por encima del esclavo, que era «simplemente» un ser humano (anthropos).
En la Atenas democrática no había partidos políticos ni sindicatos.
Los esclavos eran propiedad de ciudadanos. Podían ser comprados y
vendidos, legados o confiscados, penetrados o golpeados, según los
deseos de sus amos. En las casas más ricas, las mujeres esclavas trabajaban como criadas, cocineras, panaderas, costureras, tejedoras y
peluqueras; los esclavos varones eran criados, guardianes, porteros
y sirvientes de los niños varones. Mientras tanto, artistas, bailarines y
prostitutos, tanto varones como mujeres, atendían las necesidades
carnales de los ciudadanos, ya fuera en burdeles baratos o en el ambiente lujoso de simposios donde corría la bebida.

El trabajo esclavo se usaba extensamente en las canteras de mármol,
mientras que en la minería del plomo y la plata su explotación despiadada generaba grandes riquezas para el gobierno y producía fortunas

individuales (se dice que un general dirigente del siglo v, Nicias, poseía 1000 esclavos, que alquilaba como mineros bajo la supervisión de un esclavo tracio de confianza llamado Sosias). Los esclavos eran también artesanos especializados, por ejemplo, en la fabricación de liras y el curtido de pieles, así como en la manufactura de artículos como ropas, armas, cuchillos, lámparas, ollas y sartenes. Ayudaban a construir y reparar carreteras. Trabajaban en la ceca del gobierno, limpiaban las calles e incluso constituían el servicio de orden en la asamblea, los tribunales y el ágora. Su sudor se aplicaba en reparaciones de los templos y en las obras públicas, por ejemplo, en la Acrópolis y el Santuario de Eleusis, situado a un día andando al oeste de Atenas.

Dado que Atenas se apoyaba tanto en el trabajo esclavo, resulta significativo que pocos poemas extensos, obras o textos filosóficos de la época defendieran la esclavitud. Quizá el ejemplo que más se suele citar, el de Aristóteles, no fuera representativo de las opiniones que mantenían los ciudadanos atenienses. Muchos propietarios de esclavos parecían sufrir una dolencia que se podría llamar angustia democrática, ya fuera porque sentían remordimientos y vergüenza o porque sabían por experiencia práctica que cuando trataban a sus esclavos como animales no conseguían en absoluto sacar lo mejor de ellos; una famosa ley ateniense contra la arrogancia mostraba esa ambivalencia. Vigente desde tiempos predemocráticos, estaba destinada a proteger a los ciudadanos más pobres de ser tratados como esclavos. La ley prohibía específicamente actos de violencia gratuita destinados a su humillación y abuso. Pero iba más allá aún, estipulando que si alguien mataba a un esclavo, se requería que llevase a cabo una ceremonia de purificación para aplacar a las deidades, y podía esperar enfrentarse a consecuencias legales, quizá incluso a la acusación de homicidio, iniciada por otro amo. Los oradores hablaban frecuentemente en defensa de esta ley, alababan la «generosidad» de los atenienses y a veces señalaban que, según la ley, estaba prohibido «todo» tipo de arrogancia contra «todo» tipo de residentes de Atenas.

Parrhēsia en el *pnyx*

En una época anterior a la prensa escrita, los medios de comunicación de masas e internet, cuando las noticias y rumores circulaban movidos por la rueda, el caballo o las palabras que iban de boca en boca, la oratoria era la especialidad de Atenas. Atenas era una comunidad alfabetizada, en el sentido de que al menos algunos de sus ciudadanos sabían leer, y sabían leerles en voz alta a otros, si era necesario. Pero la oratoria por la que era más conocida se exhibía en el *pnyx*, donde todo el cuerpo de ciudadanos, llamado *ekklesia*, se reunía para decidir sobre las leyes que gobernaban la ciudad-Estado. Las sesiones a menudo eran tempestuosas. «La ciudad está abusando de la libertad y de los discursos sin restricciones, y hay licencia dentro de ella para que un hombre haga lo que le dé la gana», se quejaba un enemigo de la democracia, el filósofo Platón (c. 427-347 a. C.), que seguía observando que los ecos producidos en los muros de piedra del *pnyx* «redoblan el estruendo de las críticas y las alabanzas».[6]

La plataforma de los oradores en el *pnyx*, a plena vista de la Acrópolis, era donde se pronunciaban los discursos, a veces muy largos, ante la asamblea.

La queja de Platón parece exagerada. Hay muchas pruebas de la autodisciplina de los ciudadanos. Todos eran muy conscientes de los peligros de las disensiones violentas (las llamaban *stasis*), y no había duda alguna de que en la asamblea no se toleraba ni la amenaza de violencia ni la violencia real. Normalmente allí cerca se encontraban unos heraldos muy bien entrenados, más destacamentos de arqueros y de esclavos, dispuestos a imponer las normas y costumbres. Los ciudadanos, sentados en redondo en la roca desnuda, apoyados en los codos o bien echados en cojines que se habían llevado de casa, esperaban que los otros respetaran la obligación de hablar espontáneamente, de utilizar lo que llamaban habla franca, o *parrhēsia*. Se hacían bromas sobre los ricos y los que tenían una conducta privada dudosa. Se hablaba de corrupción y producía inquietud la arrogancia ciega llamada *hybris*. En las sesiones abundaban las sátiras: los oradores normalmente persuadían a los demás haciéndolos reír. Había mucha diversión y momentos en que se burlaban de sí mismos. Algunas sesiones parecían la escena final de la muy querida sátira de Aristófanes (445-385 a.C.) *Los caballeros*, en la cual la figura del viejo Dēmos es acosado y maltratado por un esclavo y un vendedor de salchichas.[7]

Pero la asamblea solía regirse por la sobriedad. Los oradores recordaban que ser ciudadano significaba ser «par e igual» de los otros. Se decía a menudo que la democracia era un tipo de gobierno especial que permitía a cada ciudadano disfrutar de *isonomia* (igualdad ante la ley), les daba derecho a hablar y libertad para «turnarse en gobernar y ser gobernados». El espíritu de la democracia lo resumía el hábil orador y filósofo presocrático Demócrito (c. 460-370 a.C.). El gobierno bien llevado, le gustaba decir, es la mejor protección contra la codicia humana y la locura; si el gobierno es seguro, todo está seguro, mientras que si se debilita, todo está perdido. La democracia es la mejor forma de gobierno porque asegura el habla franca. Se lo pone muy difícil a los estúpidos y a los arrogantes. El habla franca promueve el espíritu de igualdad y solidaridad; contrarresta los deseos egoístas y las ambiciones con la alegría (*euthymia*). Según Demócrito, la democracia, al proteger el habla franca, también garantiza que los errores de los hombres que ostentan el poder se recuerden mucho más que sus éxitos.

¿Democracia directa?

La celebración del habla franca en la asamblea ateniense se combinaba con la hostilidad a las facciones y en particular contra las facciones políticas. No existía un gran amor por el gobierno de la mayoría; se prefería tomar las decisiones por consenso. Incluso votar (*diaphora*) se contemplaba con alguna suspicacia, porque significaba desacuerdo y división en el gobierno. La guerra civil era un miedo constante. Atenas era una democracia sin partidos, que soñaba con alcanzar decisiones unánimes a través de un debate público que condujera a tomar solo decisiones incuestionablemente buenas.

Esa creencia en el poder vinculante de la asamblea pública ha llegado a ser vista como la mayor ventaja de la democracia «directa» o «pura». Los amigos actuales de la democracia deliberativa, aquellos que dicen que su quintaesencia es una deliberación pública y serena por parte de los ciudadanos, se remontan a la democracia ateniense como forma de gobierno no solo del pueblo y para el pueblo, sino también por el pueblo en gran medida, y de forma mucho más significativa que en los Estados actuales o en las propias ONG. Tal forma de pensar se remonta al pensador político ginebrino del siglo XVIII Jean-Jacques Rousseau (1712-1778). «Entre los griegos», afirmaba, «todo lo que tenía que hacer el pueblo lo hacía por sí mismo. Se reunía constantemente en asamblea pública. La gente vivía en un clima cálido. No era codiciosa. Los esclavos hacían el trabajo necesario. La principal preocupación de la gente era su propia libertad».[8]

No importaba la esclavitud, la subordinación de las mujeres o la creencia en las deidades, ni el hecho de que Atenas no fuera el lugar de nacimiento de la democracia asamblearia. Los fanáticos de la democracia directa pasaban por alto deliberadamente el hecho de que «el pueblo» en la práctica no puede gobernar a menos que a unos representantes electos se les den poderes para llevar a cabo determinadas tareas en su nombre. Como todos los ciudadanos no pueden estar en el mismo lugar y a la misma hora para ocuparse de asuntos muy diversos, la democracia requiere diputación. La especialización de tareas muestra que «la gente» no puede actuar nunca como un cuerpo indivisible. Uno puede imaginarse a la gente de pie, hombro con hombro, y escuchando. Pero el autogobierno requiere delegados cuyas decisiones a favor del grupo invariablemente desatarán tensiones políticas entre los ciudadanos.

La democracia asamblearia de Atenas ilustra esa dinámica inevitable de representación. Lo examinaremos más de cerca en las páginas siguientes, pero por ahora baste con decir que a pesar de todas las alabanzas de sus cualidades ejemplares por ser una democracia «directa» o «participativa», varios tipos de instituciones mediadoras se interponen en el camino de la ficción de que Atenas era un sistema basado en el gobierno directo del *dēmos* soberano. Una es ese cuerpo poderoso conocido para los atenienses como el Areópago, sede del tribunal más antiguo y más augusto de Atenas, una especie de Cámara de los Lores del siglo V.

David Van Reybrouck, autor de *Contra las elecciones* (2016) y defensor de la democracia deliberativa, observando una reunión de la primera asamblea estatal ciudadana de Bélgica, la Cumbre G12000 de Ciudadanos, celebrada el 11 de noviembre de 2011.

Luego debemos considerar la forma en que, en nombre del *dēmos*, los atenienses cumplían con sus deberes hacia los demás. Todos los ciudadanos eran aptos para servir un año en un cuerpo conocido como el Consejo de los 500. Sus ciudadanos-senadores ciertamente no eran representantes parlamentarios en el sentido moderno: se les requería hacer un juramento de servir al *dēmos* fielmente, y no tenían poder directo para hacer leyes o modificarlas. Su parecido es con un grupo directivo supervisor, cuyo trabajo principal consistía en redactar normas para la asamblea y guiarla. Otras funciones del Consejo fueron cambiando con el tiempo, pero incluían tareas tan esenciales como la inspección de buques y caballos, y el examen detenido de los oficiales recién nombrados para determinar su aptitud para el cargo en un proceso conocido como *dokimasia*. Juzgaba a los magistrados acusados de obrar mal y trabajaba con organismos públicos responsables de asuntos como el arrendamiento de minas y la venta de propiedades confiscadas.

El Consejo también elegía por sorteo, de nuevo sobre una base rotatoria, a un pequeño grupo interno de cincuenta senadores conocidos como *prytaneis*. De treinta años de edad o más, a esos senadores se les pagaba para que supervisaran el día a día de la administración del gobierno, así como que mediaran en las disputas entre ciudadanos. Se esperaba que sirvieran una décima parte del año (un *prytany*) y a veces que estuviesen de guardia por la noche. Mientras Atenas dormía, esos senadores pagados mantenían la vigilancia sobre la ciudad.

En ese sentido y en otros, los ciudadanos de Atenas, en el nombre del pueblo, colocaban sus intereses en manos de algunos. Lo raro es que la palabra «representación» en sus sentidos más modernos era desconocida para los atenienses. Solo en el siglo XIX los griegos llegaron a tener una palabra, *antiprosopos*, para hablar directamente de «representación», que inicialmente tenía el sentido más bien extraño de estar de pie o frente a alguien o algo, por ejemplo, un enemigo u oponente en el campo de batalla. La asamblea ateniense a veces hablaba de «mensajero nombrado», como un enviado o embajador, cuyo trabajo consistía en transmitir decisiones o peticiones a una potencia extranjera. También tenían una palabra para «guardián» o «administrador», a quien se confiaba la supervisión de los acuerdos ya establecidos por los ciudadanos. Sin embargo, el término «representación» no estaba en su diccionario político.

La cuestión del lenguaje es importante, porque es como si los atenienses no pudieran expresar con precisión lo que estaban haciendo. Tampoco tenían un léxico para comprender lo que más tarde se llamaría «separación de poderes», aunque la delimitación de funciones y desembolsos era algo común. Atenas no tenía administración pública ni burocracia en el sentido actual, pero se estimaba que anualmente unos 700 funcionarios estaban empleados y dedicados a la administración. Había inspectores de los mercados y asesores de pesos y medidas, cuyo trabajo consistía en proteger a los compradores. Los magistrados de la ciudad, ayudados por esclavos, se enfrentaban a tareas como mantener los edificios públicos, patrullar las calles y eliminar la basura. Se enviaban embajadores al extranjero para defender los intereses de Atenas. Había que asignar jurados a los tribunales y magistrados a los diversos cargos.

Una máquina de selección aleatoria conocida como *kleroterion*, usada para elegir a jurados que sirvieran en diversos tribunales de justicia atenienses.

El servicio como jurado era algo que se esperaba de todos los ciudadanos varones de treinta años o más. Atenas tenía un sistema de tribunales llamado *dikasteria*. La palabra de la que deriva, *dikastes*, significaba tanto jurado como juez. Era una democracia sin abogados. No había jueces profesionales que presidieran. Los magistrados eran todos ciudadanos comunes. Su servicio, que duraba un año y que solo ostentaban una vez en la vida, implicaba funciones administrativas, no temas de sustancia legal. La ley no se contemplaba como La Ley, un dominio especial de una clase privilegiada de expertos legales. Se contemplaba, sencillamente, como unas normas hechas y aplicadas por los propios jurados. No existía una Constitución escrita para guiar las deliberaciones; los delegados decidían lo que estaba bien y lo que estaba mal en cada caso.

Desterrar a los demagogos

A través de estos arreglos, los ciudadanos de Atenas, juzgados según nuestros baremos, tenían una sensibilidad aguda a las manipulaciones, tanto desde el interior como desde el exterior de la asamblea. En ausencia de partidos políticos y de elecciones periódicas, experimentaban con diversas formas de colocar controles y contrapesos públicos en el ejercicio del poder. Consideremos la costumbre del *graphē paranómōn*, un procedimiento mediante el cual los ciudadanos, bajo juramento, presentaban quejas contra leyes o propuestas que supuestamente se basaban en decisiones precipitadas y que estaban en contradicción con las leyes existentes. O bien el *ostrakismos* (ostracismo), un precursor de los métodos modernos de fijar límites de tiempo en los cargos públicos. Se trataba de un procedimiento para bloquear la aparición de demagogos, conspiradores y tiranos, que permitía desterrar a los líderes indebidamente populares de la ciudad durante diez años si un número mínimo de votantes era favorable a la expulsión. Al desterrado se le daban diez días para abandonar la ciudad. El demagogo adecuadamente llamado Hipérbolo fue uno de ellos; en 416-415 a.C. fue desterrado a la isla de Samos, donde varios años más tarde fue asesinado, lo que llevó a la asamblea a poner fin a esa práctica.

En su momento álgido, el ostracismo era un método democrático de defender la democracia contra los excesos democráticos. La palabra misma significaba «juicio por añicos», porque se usaban fragmentos de cerámica o trozos rotos hechos de arcilla (*ostraka*), el material de escritura más barato disponible, como papeletas para votar contra los posibles demagogos, esos ciudadanos intrigantes sospechosos de querer demasiado poder. Una vez al año, la asamblea se reunía para decidir si había posibles oligarcas entre ellos. De hecho, era un concurso de impopularidad. Si una mayoría del *quorum* de 6.000 los identificaba, se establecían un día y una hora, normalmente dos meses más tarde, para una audiencia ante la asamblea. Como interesaba aparecer tanto a los amigos como a los oponentes de los candidatos al ostracismo (quien quiera que acabara con más votos en contra perdía), el número de votantes en esta segunda ronda normalmente era alto. El ágora vibraba de tensión nerviosa. Para mantener la asamblea lo más tranquila posible, se restringía la discusión antes del voto final. La ocasión concluía con la costumbre inusual de cercar una zona grande del ágora, donde se llevaba a cabo la votación final. Después de votar, los ciudadanos debían quedarse dentro del recinto hasta que se contaban los votos y se anunciaba el nombre del sacrificado, para evitar fraudes. Un hombre, un voto, una víctima.

Votos *Ostraka* contra Arístides, Temístocles, Cimón y Pericles en Atenas, en el siglo V a.C.

Los enemigos de la democracia

Mirando hacia atrás, al tiempo de la democracia asamblearia, queda claro que el advenimiento de la *dēmokratia* causó grandes conmociones y potentes reacciones. Después de todo, era una época en la cual la política todavía estaba dominada por aristócratas acaudalados enzarzados en competir los unos con los otros, así como con sus oponentes demócratas. Lo que tenía en común esa clase de supuestos aristócratas era su profundo disgusto por la democracia. La palabra asomaba a sus labios con una mueca de desdén. Odiaban las asambleas. Cada vez que oían hablar de *dēmokratia*, se confirmaba para ellos que Atenas había dado un giro equivocado, y que había puesto el poder, estúpidamente, en manos de un grupo ignorante y tendencioso, de intereses egoístas. Ese *dēmos* enloquecido era algo a despreciar y temer. Eran pobres, sin propiedades, ignorantes y exaltados. Y lo peor de todo: estaban motivados por un hambre canina de poder político. La palabra *dēmokratia*, decían, significaba manipulación, trampa y violencia. De ahí su convicción de que había que acabar con ella.

Para comprender su forma de pensar, consideremos por un momento el verbo *kratein*. Hoy en día se suele traducir (a través de la palabra latina *regulare*) como «gobernar» o «regular», pero así se suavizan sus connotaciones originales, que de hecho eran mucho más duras. Por extraño que nos pueda parecer ahora a nosotros, cuando los atenienses usaban la palabra, hablaban la lengua de las maniobras militares y la conquista. *Kratein* significa ser amo de algo, dominarlo, imponerse a alguien o algo, poseerlo (en el griego moderno, el mismo verbo significa mantener o poseer). El nombre *kratos*, del cual se formó la palabra compuesta *dēmokratia*, se refería a poder, fuerza, victoria triunfante, especialmente mediante la aplicación de la fuerza. El verbo ahora obsoleto de *dēmokrateo* rebosaba de connotaciones semejantes: significaba democratizar en el sentido de hacerse con el poder y ejercer el control sobre otros. Así que para algunos atenienses, y sobre todo para sus enemigos, la *dēmokratia* tenía justamente el sentido «contrario» del que tiene hoy en día.

En nuestra época, cuando la gente habla positivamente de la democracia, se refieren normalmente a unas elecciones libres y justas, a un reparto del poder pacífico mediante el compromiso, a la igualdad basada en el respeto legalmente garantizado a la dignidad de otros. Para sus enemigos atenienses, en espectacular contraste, la *dēmokratia* era una amenaza. La trataban como una forma calamitosa de gobierno de las masas en la cual el *dēmos* ignorante actúa con prepotencia según sus propios intereses; insistían en que las preocupaciones mezquinas del *dēmos* no eran sinónimo del bien común. El hecho de que la democracia se representara como una mujer reforzaba esa visión: en una *dēmokratia*, el *dēmos* tiene *kratos* y, por tanto, en gran medida como una mujer, es propenso a actuar arteramente, a conseguir sus fines usando las trampas y la fuerza contra sus oponentes.

Violentas refriegas desencadenadas por la ambición de poder es lo que inquietaba a Platón cuando observaba que la democracia es una forma de gobierno con dos caras, «según si las masas gobiernen sobre los propietarios por la fuerza o por consentimiento».[9] La democracia para él era un invento de pacotilla que destruía el buen gobierno para satisfacer a unos pobres ignorantes. Lo comparaba a un barco gobernado por marineros ignorantes que se niegan a creer que exista el oficio de navegante, idiotas que tratan a los timoneles como astrólogos inútiles. Cambiando de metáfora, Platón incluso la llamaba *teatrocracia*: la presunción de que la gente corriente está cualificada para hablar de todo, desafiando leyes políticas inmutables, conduce al postureo, la seducción retórica de los impotentes y el desorden entre los poderosos. La *dēmokratia* es un tipo de falso gobierno en el cual la gente es gobernada, cuando parece gobernar.

En 387 a. C., fuera de los muros de la ciudad de Atenas, el antidemócrata Platón fundó una academia filosófica cuyos eruditos compartían sobre todo su visión de la democracia como una forma caótica y peligrosa de gobierno de los ignorantes.

La idea de Platón no solo nos recuerda que la filosofía ateniense era sobre todo antidemocrática, una especie de reacción despechada contra el ethos de igualdad, contingencia y apertura pública nutrido por la democracia. Como escribir de una forma filosófica sobre la democracia requería riquezas, ocio y distancia del burbujeo de la vida política, y como, por contraste, la democracia requería que los ciudadanos se dedicasen a la vida pública, el silencio de los demócratas atenienses sobre su propia democracia permitió a sus enemigos lanzar chorros de tinta contra ellos. Ese intento de silenciar a los demócratas manchando su reputación fue el primer ejemplo registrado de un intento de destrucción de la democracia por parte de sus enemigos, robando a sus oponentes su propio lenguaje y poniendo verdes sus logros prácticos.

«¿Existe una forma democrática de hablar de la democracia?», preguntaba Nicole Loraux (1943-2003), estudiosa de la Atenas clásica reverenciada por su análisis crítico de los enemigos de la democracia y sus relatos pioneros de sus mitos, política y costumbres de género.

Como los amigos de la democracia ateniense o bien desconfiaban de la escritura o bien no la usaban nunca como instrumento de expresión pública, la historia escrita fue arrebatada por sus oponentes. Por eso Atenas no produjo grandes teóricos de la democracia. También es ese el motivo de que virtualmente todos los comentarios escritos de la democracia ateniense fueran hostiles, especialmente a la forma en que promovía la oposición pública al gobierno de los ricos. Los demócratas pagaron un precio muy alto por su carencia de defensa escrita. Firmes creyentes en su propia originalidad, convencidos de que tenían a una diosa de su parte, los demócratas atenienses subestimaron el riesgo de su propia destrucción, que es lo que casi ocurre al final. Para hacer su memoria, se pusieron a merced de una clase de nobles que soñaban con aplastar bajo sus pies el feo escarabajo de la democracia. Pero esta clase pretendía algo siniestro: no querían que quedase registro para la posteridad de lo que los demócratas pretendían.

Hubris

Los antidemócratas lucharon con fiereza, con algo más que palabras, por lo cual se vieron recompensados dos veces hacia finales del siglo v. Durante los treinta años de la Guerra del Peloponeso (431-404 a. C.), librada por Atenas y sus aliados contra Esparta, dos golpes de Estado interrumpieron brevemente el gobierno democrático. Ambos interludios recibieron su nombre por el número de conspiradores que se hicieron con las riendas del poder: Los Cuatrocientos (411 a. C.) y los Treinta (404 a. C.). En la historia de la democracia, se iban a repetir a menudo actos entre bastidores perpetrados por hombres de buena posición, e igual que en nuestros tiempos, estos hombres respaldarían levantamientos deshonestos a favor de los ricos. Por eso los demócratas atenienses comprendieron que cuando se trata de determinar quién se lleva el dinero y cuánto, cuándo y cómo, conviene que todo el mundo ande precavido. La política produce perdedores, especialmente cuando alguien se vuelve más codicioso del poder. Los demócratas atenienses estaban convencidos de que las deidades arrojarían ruina y destrucción, o *nemesis*, sobre los hombros de los reyes, tiranos y señores que persiguieran el éxito jugando ciegamente con su poder, a veces arriesgándolo todo solo por lograr sus objetivos. Se daba el nombre de hubris a tal codicia. Se decía que su castigo era la ruina. La codicia (avidez por el dinero, la fama, los bienes materiales o el poder) era una estupidez.

Esa conciencia de los peligros del poder arbitrario suscitaba una pregunta inquietante a los demócratas locales: ¿harían la vista gorda las deidades ante el meteórico ascenso al poder de una ciudad-Estado convertida en un imperio, el primer imperio democrático de todos los tiempos?

Hacia el año 450 a.C., Atenas tenía no menos de 160 Estados vasallos. Existía una sensación muy intensa entre los atenienses de que ellos eran superiores a estos pequeños Estados y a los pueblos asiáticos gobernados por los persas. Contemplaban su democracia con orgullo. La reputación de Atenas como pomposo metomentodo (*polypragmon*) que luchaba constantemente por imponer su poder sobre los demás, se convirtió en sinónimo de la propia democracia. Consideremos el famoso relato de Tucídides de la oración fúnebre pronunciada por Pericles al principio de la Guerra del Peloponeso: «Por esta tierra nuestra, en la cual un mismo pueblo ha morado en una línea ininterrumpida de generación a generación, y que por su valor ha transmitido hasta nuestros tiempos un Estado libre [y] el imperio que ahora posee», alardeaba Pericles, según se decía.

Vivimos bajo una forma de gobierno que no emula las instituciones de nuestros vecinos sino que, por el contrario, nosotros somos modelo [...] A nuestro gobierno lo llaman democracia, porque su administración está en manos no de los que son pocos, sino de los que son muchos [...] Y nuestra ciudad es tan grandiosa que todos los productos de la tierra fluyen hacia nosotros [...] Somos también superiores a nuestros oponentes en nuestro sistema de preparación para la guerra [...] La riqueza la empleamos más como oportunidad para la acción que como asunto del cual alardear [...] Porque solo nosotros contemplamos al hombre que no toma parte en los asuntos públicos no como uno cuya mente está ocupada en sus propios asuntos, sino como alguien que no vale para nada; y nosotros, los atenienses, decidimos las cuestiones públicas por nosotros mismos o al menos nos esforzamos por llegar a un entendimiento de ellas, en la creencia de que no es el debate lo que entorpece la acción, sino más bien no estar instruido por el debate antes de que llegue el momento de la acción [...] En resumen, digo que nuestra ciudad como conjunto es la escuela de Hellas.[10]

Esas referencias a Atenas como rectora de todo el mundo griego ardían como el estiércol en los fuegos del imperio. Fomentaban la creencia pública en la virtud ciudadana de las proezas militares, e igualaban la *dēmokratia* y el éxito militar. El poder imperial necesitaba la movilización de tropas que, a cambio, esperaban su cuota de gobierno. El ejército ateniense inicialmente se había financiado solo: los ciudadanos más ricos servían en la caballería con sus propios caballos, montados en sus propias sillas. El surgimiento de una importante infantería ligera armada de hoplitas más pobres hacía irrefutable el argumento de la inclusión política. La lógica democrática del sufragio universal también significaba que mientras el ejército ateniense iba aumentando su poder y su influencia, los ciudadanos más pobres, los *thetes*, que formaban el grueso de las tripulaciones navales, presionaban para obtener la igualdad con sus compañeros ciudadanos. Durante un tiempo, el mar y la democracia parecieron gemelos: la guerra los hacía iguales a todos en su lucha por escapar de las garras de la muerte. Alentaba un esfuerzo doloroso, pero que conducía al honor. Confirmaba también el sentimiento de virilidad entre los hombres (los atenienses hablaban de *aretē*). Ayudaba a desterrar la cruel «melancolía» que mencionó Pericles en su oración fúnebre. La guerra proporcionaba a la vida un sentido inquebrantable, alejaba el temor de que los hombres no fueran más que sombras de sombras, seres destinados a sobrevivir solo brevemente, como el día que se convierte en noche.

En su punto álgido, a mediados del siglo v a. C., el Imperio ateniense colonizó importantes partes del territorio del sur de Italia y las líneas costeras de Turquía, el norte de África y Oriente Medio.

El imperio también llevó riquezas a Atenas, que se usaron en parte para pagar su maquinaria de gobierno y para reclutar a un enorme número de varones atenienses. Excepto un pequeño número de Estados que negociaron mantener su independencia nominal proporcionando barcos a la armada ateniense, a principios de la década de 440 a. C. se requirió a todas las ciudades del imperio que pagasen un tributo anual, así como impuestos sobre las exportaciones e importaciones que pasaban por el puerto central del Pireo.

Hasta qué punto fue vital la riqueza generada por el imperio para el florecimiento de la democracia ateniense es algo que todavía se discute acaloradamente entre los historiadores. Pero existen pocas dudas de que entre los efectos más potentes del imperio estaba expandir el poder de los militares en el funcionamiento diario del gobierno. Los atenienses eran buenos demócratas, y también eran buenos guerreros. En consecuencia, durante el siglo v, Atenas estuvo en guerra un promedio de dos de cada tres años. Ni una sola vez disfrutaron de más de una década de paz. Con la introducción del servicio militar pagado en la década de 450, la guerra llegó a dominar las vidas cotidianas de los atenienses, así como su cultura y su política. La ciudadanía y el servicio militar se hicieron indistinguibles, y tanto el espíritu como las instituciones de la democracia acabaron siendo profundamente marciales.

La famosa oración fúnebre de Pericles fue pronunciada al final del primer año de una guerra que duró veintiocho años entre Atenas y Esparta. «Una vez enterrados los cuerpos», informaba el historiador Tucídides, «Pericles, hijo de Jantipo, se subió a un escalón donde todo el pueblo pudiera verlo y oírlo, y pronunció este discurso».

La caída de la democracia

A posteriori queda bien claro que los escarceos entre la democracia y las fuerzas armadas resultaron fatales para Atenas. El cénit del imperio en el siglo V condujo a restringir las libertades políticas en la propia ciudad. El imperio alumbró la demagogia y dio una prominencia excesiva a líderes militares electos como Cimón y Pericles, a quienes, excepcionalmente, se les permitió seguir en el cargo durante varios periodos consecutivos. Esos vencedores en el campo de batalla estaban autorizados a interrumpir los procedimientos asamblearios para presentar sus propios asuntos. Eso significaba que su poder para determinar el destino de la ciudad, sin refrendar por partidos o leyes, dependía enormemente de su capacidad para halagar al *dēmos*. Pericles cultivó su carisma comparándose a sí mismo con el barco correo de Atenas, el *Salaminia*: aunque disfrutó del cargo durante un cuarto de siglo, desde 454 a 429 a. C., solo aparecía ante la asamblea cuando los asuntos públicos requerían una atención urgente. Su ausencia despertaba intriga y emoción. Tucídides y otros se quejaban, comprensiblemente, de que cuando aparecía en público, hablaba y actuaba como un monarca arrogante. «El odio y la impopularidad se han convertido en la suerte de todos aquellos que han aspirado a gobernar a otros», dijo Pericles a los reunidos para honrar a los soldados muertos. Pero añadió, desafiante:

> Recordad también que si vuestro país tiene el nombre más grande en todo el mundo es porque nunca se ha doblegado ante el desastre, porque Atenas ha gastado en la guerra más vidas y esfuerzos que ninguna otra ciudad y porque ha ganado para sí misma un poder mayor que ninguna otra conocida hasta el momento [...] se recordará que nosotros gobernamos por encima de más helenos que ningún otro Estado helénico, que llevamos a cabo las guerras más importantes contra sus poderes unidos o separados, y que habitamos en una ciudad con la que ninguna otra puede rivalizar, por sus recursos y por su magnitud.

Las palabras del gran líder presagiaban el inicio del fin del experimento ateniense con la democracia. Su declive fue prolongado; los reveses se camuflaban como victorias. Pero la militarización creciente de la vida política en apoyo del imperio empezó a convertir Atenas en su propio peor enemigo, en una fuente de envidia y de celos entre los Estados dentro y fuera de su imperio. En casa, desató una fuerza maligna que los atenienses llamaban falsa ilusión (*ate*). Se promulgó una ley restrictiva de la ciudadanía en 451 a.C. destinada a evitar que los residentes extranjeros y los esclavos libertos se convirtieran en ciudadanos atenienses; se les trataba como el enemigo interno. En varias ocasiones, todos los ciudadanos disponibles fueron reclutados forzosamente para la armada o el ejército, para que luchasen contra una ciudad vecina, y la asamblea aprobó leyes para permitir que se retirase la ciudadanía a los culpables de deserción o de evadir la leva.

El ruinoso acuerdo entre democracia y ejército tuvo unas consecuencias geopolíticas amplias, con malas noticias para las democracias locales, como la de la isla del Egeo, Melos, que fue asediada por Atenas en 416-415 a.C. El sitio tuvo unos efectos espantosos. La hambruna, seguida por la discordia y la traición, tuvo como resultado la rendición incondicional de los melinos. Los demócratas atenienses no perdieron tiempo en derrocar al gobierno local. En nombre de la democracia, ejecutaron a todos los hombres en edad militar y vendieron como esclavos a las mujeres y a los niños, dejando a los bebés y a los ancianos para que los devorasen los lobos. En seguida enviaron a Melos quinientos ciudadanos-colonos. La isla se convirtió en colonia de Atenas. El gobierno democrático quedó vencido con crueldad y sangre.

¿Cuál fue la lección de la campaña contra Melos? Para empezar, demostró que los Estados democráticos pueden ser buenos para la guerra y al mismo tiempo capaces de infligir una violencia terrible a sus vecinos. Demostró también que la violencia era una espada de doble filo para Atenas. La violencia estimuló a los rivales a buscar y conseguir el premio mayor: poner a Atenas de rodillas, para que su hipocresía y su hubris acabaran bañadas en sangre.

En 359 a.C., Atenas fue obligada a someterse al Reino de Macedonia, muy bien armado, dirigido por Filipo II. Su gigantesco ejército de 32.000 soldados aplastó a los demócratas y a sus aliados en la batalla de Queronea, en Beocia, hacia el noroeste de Atenas. Los macedonios pronto tensaron el lazo en torno al cuello de los atenienses, que en 322 a.C. sufrieron otra catastrófica derrota durante la rebelión encabezada por los griegos contra el gobierno macedonio, conocida como la Guerra Lamiaca. Atenas se vio obligada esta vez a pagar un precio mucho más elevado. Como parte del acuerdo de paz, las tropas macedonias asaltaron la ciudad y reemplazaron en seguida su gobierno democrático por una oligarquía. Entre 12.000 y 22.000 ciudadanos perdieron su derecho al voto. Algunos fueron enviados a la remota Tracia. Prominentes demócratas, entre ellos Hipérides y Demóstenes, fueron ejecutados.

Los demócratas recuperaron el control de Atenas varias veces, pero al final los macedonios prevalecieron. En 260 a. C., el rey macedonio Antígono Gónatas ordenó a sus tropas que volvieran a capturar la ciudad. Así desaparecieron los ideales y las instituciones de la democracia asamblearia más poderosa del mundo antiguo.

Segunda parte
Democracia electoral

Si la historia de la democracia fuera un relato lineal en el cual solo los tiempos fueran cambiando pero todo lo demás permaneciera igual, este breve libro estaría ya llegando a su fin. Pero por suerte, y no por desgracia, la historia de la democracia no es así. Por ello no debería ser ninguna sorpresa que estuviese a punto de ocurrir un sorprendente giro, un cambio que dio lugar a una segunda fase en la historia de la democracia. Llamémoslo el nacimiento de la democracia electoral.

La democracia asamblearia nació en Oriente Próximo y en los mundos fenicio y griego. Desde más o menos el siglo XII d. C., la democracia entró en una nueva era cuyo centro de gravedad fue la región atlántica, el triángulo geográfico marino que se extendía desde las costas de Europa hasta Baltimore y Nueva York, y luego bajaba hasta Caracas, Montevideo y Buenos Aires. Esta región fue testigo del nacimiento de una nueva idea muy imaginativa de la democracia, como autogobierno popular basado en la elección de representantes que ostentan su cargo y gobiernan en nombre de la gente, durante un tiempo. Esa región también presenció la invención de instituciones y costumbres nuevas: parlamentos, constituciones escritas, partidos políticos, colegios electorales, editores independientes y periódicos diarios... destinadas a apoyar las elecciones periódicas. Como vamos a ver, la democracia electoral despertó entre los oprimidos un gran entusiasmo y esperanza de un mundo mejor gobernado, despojado de autoritarismo e intimidación. Pero esta democracia estaba sumida desde el principio en contradicciones internas y asediada por la feroz oposición de sus temibles enemigos.

Esta larga etapa se abrió con el nacimiento de las asambleas parlamentarias en el norte de España. Acabó con una nota triste y lamentable, durante las décadas de 1920 y 1930, con la destrucción casi global de todas las instituciones democráticas representativas por las sangrientas fuerzas de la guerra, la revolución, la dictadura y el gobierno totalitario que plagaron la primera mitad del siglo xx. Hacia 1941, quedaban menos de una docena de democracias electorales en nuestro planeta. Entre tanto, a lo largo del curso de ocho siglos, ocurrieron cosas extraordinarias.

«Gobierno democrático, pero representativo»

¿Cómo explicar esa larga transición? Empecemos consultando una notable carta escrita en el verano de 1816 por el expresidente de Estados Unidos Thomas Jefferson. Reflexionando sobre los cambios de gobierno y de pensamiento político ocurridos a lo largo de su vida, no se anduvo con rodeos: la llegada de la democracia electoral había alterado fundamentalmente la dinámica del mundo moderno. Explicaba que aunque los antiguos griegos no sabían nada de los principios de la representación electoral, la verdad era que la «democracia directa» de las asambleas requería de unas instituciones de «representación» que sirvieran para proteger y nutrir la voluntad de sus ciudadanos. Según Jefferson, no se les ocurrió a los griegos «que donde los ciudadanos no podían reunirse para ocuparse de sus asuntos en persona, solo ellos tenían el derecho a elegir a los agentes que se ocuparan en su lugar». Los ciudadanos griegos, oradores y pensadores políticos no vieron la posibilidad de liberarse de la falsa elección entre el autogobierno del pueblo y el gobierno de unos pocos, u oligarquía.

La novedad que definía la era moderna, continuaba Jefferson pensando sobre todo en América y Europa occidental, era su invención de un nuevo tipo de república autogobernada basada en unas elecciones periódicas. Todo esto sin hacer mención de la desnaturalización de las elecciones mediante convenciones empapadas en ron, compra de votos, asesinatos y reyertas desenfrenadas, ni decir una palabra de su convencimiento, como propietario de esclavos, de que una sociedad multirracial con personas negras libres era imposible. Y así concluía que el experimento de combinar «un gobierno democrático, pero representativo, estaba y sigue estando reservado para nosotros». El nuevo sistema representativo no tenía precedentes históricos. Ofrecía al «pueblo» un método de protección «contra el egoísmo de los gobernantes no sujeto a su control en periodos breves». Al proporcionar esa protección, el experimento con la democracia electoral «hacía inútil casi todo lo escrito antes sobre las estructuras de gobierno».[1]

Estas osadas palabras suscitaron importantes preguntas, que tenían que ver con el espinoso asunto de cuándo y cómo había empezado esa nueva era, fruto de unas invenciones que habían otorgado a la palabra «democracia» un sentido tan nuevo, desconocido para los griegos. ¿Cómo es posible que se redefiniera como democracia electoral? ¿Cómo consiguió arraigar en todos los continentes? ¿Por qué en su lugar de nacimiento, es decir, Europa, fracasó al final como experimento político? Y lo más importante de todo: ¿están las circunstancias históricas únicas que le dieron origen ya caducadas?, ¿estamos viviendo en un mundo «posterior» a la época de la democracia basada en elecciones?

El lenguaje elegido

«Las personas que intenten encontrar un motivo en esta narración serán procesadas; las personas que intenten hallar una moraleja serán desterradas; aquellas que intenten encontrar una trama serán fusiladas», escribió Mark Twain en el prólogo de *Las aventuras de Huckleberry Finn*. La historia del nacimiento y desarrollo de la democracia electoral no es un misterio a lo Twain, pero torcidas, sinuosas y enredadas fueron, ciertamente, sus pautas de nacimiento.

Tomemos un ejemplo que ilustra lo complicados que son los orígenes de la democracia electoral: el lenguaje de las elecciones. En los primeros años del siglo XIX, como señaló Jefferson, se pensaba que las elecciones «libres y justas» formaban el corazón y el alma de esa nueva forma de democracia. Pero el vocabulario de las elecciones es un nido de urracas que acoge distintas palabras de orígenes diversos. La palabra «elección» viene del latín *electio*, acción de elegir o seleccionar [entre varias posibilidades]. El término de grupo para los que eligen, el «electorado», es mucho más reciente. Las primeras fechas en las que se registra su uso se remontan solo a 1879. Antes, por lo tanto, la palabra que usaba todo el mundo era «electores». La capacidad de votar en general hoy en día se llama *the franchise* (en español, sufragio), pero esa palabra, en el inglés del siglo XIII, originalmente significaba «privilegio o derecho» y «libertad, exención de servidumbre o dominación». Más tarde la palabra vino a referirse a la inmunidad legal contra ser perseguido, y por último evolucionó con varios sentidos nuevos, incluyendo el acto de conceder un derecho o privilegio (como cuando un monarca soberano concedía la exención del arresto), una *elective franchise* o derecho al voto, o como se usa hoy en día la palabra «franquicia», una licencia que se concede a un negocio para que venda o comercie con sus productos en una zona determinada.

Luego encontramos términos como «representante». Viene del latín *repraesentare*, retratar, pintar o exhibir, pero el último sentido de un representante electo para que actúe en el lugar de otros era posiblemente un regalo de la palabra del islam temprano, donde era costumbre la práctica de nombrar a un *wakīl* para que se ocupase de asuntos distantes legales, comerciales o religiosos (*wakīl* es también uno de los nombres de Dios, que significa «fiable»). Y está la palabra «votar», del latín *votum*. Entró en el inglés durante el siglo XIV, significando «desear o jurar» y «prometer o dedicar», y luego se transformó en Escocia en torno al 1600 y empezó a significar expresar la voluntad en unas elecciones. También se usaba *poll* para describir el acto de emitir un voto. En sus orígenes antiguos holandeses y germánicos, y en diversos dialectos supervivientes, significaba «cabeza». Durante los últimos años del siglo XVI, llegó a referirse a la nueva costumbre de llevar a cabo una votación contando las cabezas, destinada a acabar con la práctica corrupta de que las elecciones las decidieran aquellos que gritaban más fuerte en favor de su candidato. Y esta última palabra parece que procede de los días de la república romana, en la cual el *candidatus* en latín significaba «vestido de blanco». Se refería a hombres políticos que vestían sus togas blancas para prestar juramento y convertirse en miembros de la asamblea y gobierno de los aristócratas conocida como Senado.

El lenguaje de las elecciones nos recuerda que los inicios de la democracia electoral son complejos. No se trata de una invención decididamente «moderna», como pensamos a menudo, sino que tuvo sus raíces en la Europa medieval. No fue el vástago de los procesos de «modernización» analizados por los eruditos, ni nació de la «emergencia y desarrollo de la nación-Estado moderna», como sugiere el erudito David Runciman.[2] Ni tampoco fue progenie de la Revolución americana del siglo XVIII, como ha asegurado el politólogo Francis Fukuyama. Ni fue obra de la aristocracia, ni una mera expresión del «Auge de la burguesía» o del liberalismo, como creían habitualmente Karl Marx, Harold Laski, Carl Schmitt y otros escritores políticos que reflexionaron sobre el tema en los dos siglos pasados. Múltiples fuerzas y acontecimientos en la región atlántica conspiraron para producir la democracia electoral. A menudo era hija de unos factores imprevistos, cuyas consecuencias ni eran preordenadas ni inevitables. Su nacimiento y su supervivencia, así como su mutación y su muerte final, han desafiado las fórmulas sencillas y las leyes universales. Y resulta fascinante que los inventores de varias de sus instituciones clave nunca pensaran originalmente que tuvieran algo que ver con la «democracia». Incluso despreciaban esa palabra.

Hoguera de la noche electoral (1928) capta lo que el artista con base en Nueva York Glenn O. Coleman llamaba la «belleza disparatada», y la emoción turbulenta que despertaba el voto de la clase trabajadora en una época dominada por los dirigentes de los partidos políticos y los donantes de grandes sumas.

Muchas manos fueron responsables de dar forma a las instituciones de la democracia electoral: monarcas, monjes, pastores, mujeres, estadistas y aristócratas, todos representaron un papel. También lo hicieron artesanos, republicanos, clérigos, prestamistas, gente de ciudad, campesinos, soldados, editores, musulmanes devotos y disidentes protestantes temerosos de Dios. Como preservaba, en sus principios y su práctica, la idea de la democracia como autogobierno popular (el derecho de los votantes a reunirse libremente en asambleas públicas, por ejemplo), la democracia electoral también estaba en deuda con el antiguo mundo griego de la democracia asamblearia.

A lo largo de toda la región atlántica hubo desacuerdos acalorados sobre qué significaba exactamente la representación, quién estaba autorizado a representar a quién, y qué había que hacer cuando los representantes incumplían los deseos de aquellos a los que supuestamente representaban. Los méritos del gobierno electo eran también acaloradamente discutidos. Pero lo común a ese periodo fue la creciente conciencia de que el gobierno de los representantes electos tenía un magnetismo claro para millones de personas convencidas de que podía proporcionarles una forma de vida mejor.

Reimaginar la democracia

Muchos siglos después de la desaparición de la democracia en Atenas, continuaron floreciendo las asambleas en momentos y lugares particulares a lo largo de toda la región atlántica. Los gobernantes de la república romana, que sobrevivieron hasta el 27 a. C., iban convocando reuniones públicas conocidas como *contiones*. Reaparecieron las asambleas en las islas Feroe y en Islandia, donde a partir de 930 más o menos se convocaba un *al-thing* o *alping* a mediados del verano, anualmente. Los cantones suizos estaban gobernados por asambleas de ciudadanos llamadas *landsgemeinde, talschaft* y *teding,* y en colonias británicas americanas como Virginia, donde las primeras asambleas datan de principios del siglo XVII, a las que asistían y controlaban los hombres ricos protestantes y dueños de esclavos.

De modo que el tren de la democracia basada en asambleas no paró en una estación histórica y allí bajaron los pasajeros, que embarcaron en el tren siguiente, el de la democracia electoral. Hubo grandes avances, reveses, agitaciones dramáticas y rupturas a cámara lenta. Y más de un momento en que los primeros defensores de las elecciones periódicas no parecían captar la importancia democrática a largo plazo de sus actos.

Sesión inaugural de la Casa de los Burgueses, la primera asamblea legislativa electa en las colonias americanas, en Jamestown, Virginia, en 1619.

Un buen ejemplo es la invención de la frase «democracia representativa». Estas dos palabras fueron usadas unidas por primera vez hacia finales del siglo XVIII por los elaboradores de constituciones, escritores políticos y ciudadanos al referirse a un nuevo tipo de gobierno electo fundado en el consentimiento popular. Lo que no está claro es quién acuñó la expresión. Existen indicios de que el oxímoron tiene un origen anglo-holandés-francés-americano. La expresión se usó en muchos momentos, pero los que la pronunciaron no entendían ni su sentido ni su significado histórico. El francés del siglo XVIII Charles-Louis de Secondat, barón de Montesquieu (1689-1755), miembro relativamente adinerado de la aristocracia de Burdeos que ocupó durante un tiempo el cargo de presidente adjunto del *parlement* de Burdeos, señalaba en *El espíritu de las leyes* (1748) que en una democracia «el pueblo, en el cual reside el poder supremo, debería tener el control de todo lo que está a su alcance», pero «lo que excede de sus habilidades debe ser realizado por sus ministros».[3]

¿Ministros? ¿Qué significa eso de confiarles a ellos los asuntos del pueblo? El noble francés que había sido ministro de asuntos exteriores bajo Luis XV, el marqués d'Argenson (1694-1757), estaba muy bien situado para contestar a tales preguntas: fue uno de los primeros escritores en utilizar el sentido habitual de la palabra y también la nueva definición de democracia como representación popular. D'Argenson escribió acerca de la diferencia entre democracia «falsa» y «verdadera»:

La democracia falsa a menudo se desmorona y cae en la anarquía. Es el gobierno de la multitud; tal es la gente en revuelta, burlándose con insolencia de la ley y la razón. Su despotismo tiránico resulta obvio por la violencia de sus movimientos y la incertidumbre de sus deliberaciones. En la verdadera democracia, uno actúa a través de diputados, que son autorizados por unas elecciones; la misión de los elegidos por el pueblo y la autoridad que ostentan esos representantes constituyen el poder público.[4]

Su razonamiento poco ortodoxo era que no había que temer a la democracia porque no era el gobierno de la muchedumbre. No nos sorprende que ese libro fuese prohibido por las autoridades reales y circulase clandestinamente en forma manuscrita durante tres décadas antes de su publicación póstuma.

Pronto otros se propusieron explorar y popularizar los vínculos entre democracia y «diputados [...] autorizados por elecciones», y sus contribuciones viajaron a través de los océanos y a través de continentes enteros muy rápido. Al otro lado del Atlántico, James Madison (1751-1836), que redactó la nueva Constitución de Estados Unidos y después fue presidente de la república, expresó su desdén por la palabra «democracia» y, sin embargo, se contaba entre aquellos que vieron la novedad del experimento político americano en «la delegación del gobierno [...] a un pequeño número de ciudadanos elegidos por el resto».[5] Alexander Hamilton (c. 1755-1804) fue quizá el primer revolucionario americano en insinuar las palabras «representación» y «democracia» juntas, e incluso en un momento dado usó la nueva expresión «democracia representativa» sin comprender su significado. Se nos hace raro pensar que algunos de los términos más preciados de la historia de la democracia fueran acuñados como en un sueño, pero lo mismo ocurrió con Hamilton y su nueva frase. Normalmente él se mostraba hostil al gobierno popular, que condenaba como una fórmula de «tiranía» y «deformidad» dirigida por una «masa ingobernable». Sin embargo, en una ocasión, poco después de la Declaración de Independencia, Hamilton negó que «la inestabilidad sea inherente a la naturaleza de los gobiernos populares». Tales gobiernos, decía, podían ser «felices, regulares y duraderos» si adoptaban la forma de «una democracia representativa, donde el derecho de elegir esté bien garantizado y regulado, y el ejercicio de las autoridades legislativa, ejecutiva y judicial se haya conferido a personas selectas, elegidas *realmente* y no *nominalmente* por el pueblo».[6]

Lo mismo expresó de una manera mucho más abrupta un compañero suyo escocés, James Wilson (1742-1798), abogado y erudito presbiteriano que también ayudó a redactar la Constitución de 1787. Wilson observó que la nueva Constitución federal de la república americana era doblemente inusual: reconocía que «la representación es necesaria solo porque es imposible que la gente actúe colectivamente», a consecuencia de lo cual la nueva república era «puramente democrática», ya que «toda autoridad, de cualquier tipo, deriva por representación del pueblo, y el principio democrático se lleva a cabo en todas las partes del gobierno».[7]

Eran formas teóricas de repensar la democracia, que por entonces significaba un tipo de gobierno en el cual los votantes, enfrentados a una elección genuina entre al menos dos alternativas, elegían a líderes que actuaban en el interés de ellos. El relato muy difundido que hizo lord Henry Brougham de los principios de la representación expresaba con claridad las cosas: «La esencia de la representación», escribía el parlamentario nacido en Edimburgo, conocido por su defensa del libre comercio, la abolición de la esclavitud y la concesión del derecho a voto a las clases medias, «es que el pueblo debería separarse de ese poder y entregárselo, durante un periodo limitado, al diputado elegido por la gente, y que él [sic] debería llevar a cabo esa parte del gobierno que, de no ser por esa transferencia, habría realizado el pueblo por sí mismo».[8]

El papel de la representación

Los lectores curiosos me preguntarán: ¿por qué esa nueva forma de pensar en la democracia como representación popular se veía como si fuera un progreso, una mejora sobre la democracia asamblearia? La respuesta habitual que suelen dar los historiadores es que la democracia electoral era una respuesta funcional a imperativos territoriales, una solución práctica al problema de cómo ejercer el poder responsablemente en estados territoriales e imperios de gran tamaño, en los cuales las grandes distancias impedían que los ciudadanos se pudieran reunir en asambleas presenciales. Pero el argumento a favor de la democracia electoral era mucho más potente. La insistencia de Thomas Jefferson en que bajo condiciones de democracia representativa «existe un momento en que los hombres han de dejarlo y no ocupar durante demasiado tiempo el terreno hacia el cual otros tienen el derecho de avanzar»,[9] es una pista fundamental para el ingenioso argumento que desplegaron los publicistas, elaboradores de constituciones, periodistas y ciudadanos de los siglos xviii y xix.

En efecto, Jefferson abogaba en favor de una democracia electoral centrada en el liderazgo político. A diferencia de la monarquía y el despotismo, la democracia requiere guía, inspiración y apoyo por parte de los líderes populares a la hora de manejar asuntos políticos complejos, decía. Son líderes verdaderos porque consiguen que la gente los admire, en lugar de llevar la gente a rastras. Y, añadió rápidamente, la democracia representativa mantiene a los líderes pegados al suelo. Les concede la autoridad necesaria para gobernar, pero también los pone a prueba, se burla de ellos, hace bromas a su costa y amenaza a los que no cumplen con la pérdida de sus cargos. Proporciona a los ciudadanos una forma de desechar a los malos líderes que dicen mentiras, engañan, prevarican, prometen milagros o actúan como demagogos. A diferencia de los monarcas, no electos, y de los tiranos y déspotas hambrientos de poder, los representantes electos ostentan sus cargos solo temporalmente. El gobierno representativo es, por tanto, una fórmula brillante para la paz, una forma de evitar el enfrentamiento civil creando un espacio para el desacuerdo político y ofreciendo a los perdedores una rama de olivo: la esperanza de presentarse otra vez para el cargo, la tranquilidad de que no hay inadaptados sociales en el gobierno.

El político (1775), un grabado satírico de John Keyse Sherwin, está basado en un boceto del artista inglés William Hogarth. En él puede verse a su amigo el encajero y político Ebenezer Forrest, que era corto de vista, prendiendo fuego distraídamente a su sombrero mientras lee un periódico.

El mantener a raya los líderes era una cosa. Otra, aseguraban los defensores de la democracia representativa, era su reconocimiento de que los desacuerdos y conflictos de una sociedad son legítimos. Esta idea fue captada por el amigo cercano de Jefferson, políticamente hablando, Thomas Paine (1737-1809). «Atenas, por representación, habría sobrepasado su propia democracia», escribió el autor de los libros más vendidos del siglo XVIII, incluyendo *Los derechos del hombre* (1791). Paine bramaba a favor de «una representación arraigada en la democracia», como un nuevo tipo de gobierno que permitía el desacuerdo. Rechazaba la monarquía y su anticuada creencia en un cuerpo político unificado; era superior a la «simple democracia» de la antigua Atenas, cuyo *dēmos* estaba bajo la presión constante de buscar la armonía, actuando como si la diversidad social y las divisiones de la opinión política fueran un impedimento para el gobierno popular. La democracia electoral, por el contrario, reconocía abiertamente la legitimidad de las diferencias sociales y la competencia entre distintos partidos políticos. Rechazaba la idea de que el desacuerdo era antidemocrático, y de que el cuerpo político no debía estar dividido y debía dejarse guiar por la infalible voluntad de un Pueblo imaginario. «Una nación no es como un cuerpo, la figura del cual se representa mediante el cuerpo humano», explicaba Paine, «sino como un cuerpo contenido dentro de un círculo, que tiene un centro en común, en el cual se encuentran los radios, y cuyo centro está formado por la representación».[10]

Era una forma refrescante y nueva de pensar en las oportunidades y peligros de manejar el poder político. Se convirtió en el fundamento filosófico de unas elecciones periódicas con múltiples partidos políticos. La competencia entre varios partidos, que ocurrió por primera vez en Estados Unidos en la década de 1820, estaba entre las invenciones fundamentales de la democracia electoral. Antaño denunciados como peligrosas «facciones» y «conspiraciones», los partidos políticos se convirtieron en recordatorios vivos de que cualquier cuerpo político estaba dividido materialmente por distintas opiniones e intereses. En esa nueva ecuación, los partidos hacían algo más que movilizar votos. Expresaban desacuerdos, formulaban políticas, promovían la educación, proporcionaban trabajos y bienestar a sus partidarios, y preparaban a sus representantes para que ostentaran cargos en el gobierno.

Los partidos también ayudaban a garantizar que una democracia electoral fuera el tipo de organización política en la cual podían florecer asociaciones privadas conocidas como «sociedad civil». El principio era completamente moderno: a través de organizaciones como los negocios, los sindicatos, las iglesias, las tabernas, restaurantes, asociaciones científicas y editoriales, decía ese razonamiento, la sociedad civil proporcionaba un espacio para que los ciudadanos se uniesen para proseguir y proteger sus intereses, para vivir sus vidas distintas como libres e iguales, a distancia de los gobiernos, que los ciudadanos mantendrían alerta armados con el derecho al voto por los representantes del partido que ellos eligieran.

La insistencia en que «el pueblo» nunca es un cuerpo homogéneo y en que la democracia no puede existir sin medios de representar las diferencias de opinión, la usaron los primeros defensores de la democracia electoral para justificar librar al mundo de la estupidez hereditaria de monarcas como Jorge III. El gobierno representativo desmentía la falacia de que esperma, óvulos y modales refinados eran los secretos del buen gobierno. Por el contrario, se suponía que, ya que hablar políticamente del «pueblo» es una abstracción hueca, era mejor fomentar la defensa pública de forma no violenta de los distintos intereses y opiniones por parte de líderes responsables guiados por los principios del buen gobierno y el compromiso político.

Los defensores de la representación en el siglo XVIII también ofrecían una justificación pragmática de este nuevo tipo de gobierno. La democracia representativa se consideraba un remedio para el problema práctico que suponía la imposibilidad de que todos los ciudadanos estuvieran implicados a la hora de tomar las decisiones que afectaban a sus vidas, aunque tuvieran el tiempo y los medios para hacerlo. El principio de que todo el que está afectado por una decisión tiene el derecho inalienable a estar implicado en la creación y aplicación de esa decisión se veía como algo impracticable, demasiado griego. El pueblo debía delegar la tarea del gobierno en unos representantes electos, ese era el argumento. El trabajo de esos representantes consistía en controlar el gasto del dinero público, protestar ante el gobierno y su burocracia en favor de sus representados, debatir asuntos públicos y elaborar leyes y, gobernando en nombre de la gente, ocuparse de la política exterior. «En su estado original», escribía Paine, haciéndose eco de D'Argenson, «la democracia simple no era otra que la sala común de los antiguos. A medida que esas democracias aumentaban en población y su territorio se ampliaba, la forma democrática simple se volvió rígida e impracticable». Pero al injertar la representación en la democracia, «llegamos a un sistema de gobierno capaz de abrazar y confederar los diversos intereses, y todas las extensiones de territorio y población».[11]

El primer Parlamento

El salto de la imaginación fue asombroso: Jefferson y Paine dieron voz a un cambio que hizo época en cuanto al significado de la democracia, y que suscita la cuestión práctica de cuándo y cómo surgió la democracia electoral. Para encontrar la respuesta debemos visitar el siglo XII, en el momento del nacimiento de una institución fundamental en la democracia electoral: las asambleas parlamentarias.

El Parlamento era un nuevo tipo de órgano de gobierno, un lugar para que los representantes con intereses sociales diversos, venidos desde un amplio radio geográfico, elaborasen las leyes. ¿Dónde había nacido? Contrariamente a algunos relatos devotamente ingleses, que suponen que esas asambleas parlamentarias fueron «indiscutiblemente el mayor regalo del pueblo inglés a la civilización del mundo»,[12] los parlamentos en realidad fueron una invención de lo que es hoy en día el norte de España, una región definida por las luchas de poder entre los revivalistas cristianos decididos a expulsar militarmente a los musulmanes de las tierras del islam. El impulso lo proporcionó un belicoso discurso de 1095 del papa Urbano II (1088-1099) ante una gran multitud reunida en Clermont, una ciudad francesa famosa hoy en día por la cadena de volcanes extintos que la rodea. El texto de ese discurso no ha sobrevivido, pero diversos cronistas nos dicen que Urbano atribuyó el desastre inminente al que se enfrentaba la cristiandad a un castigo divino por la maldad humana, y llamó por tanto a sus oyentes a recuperar la gracia divina luchando por la cruz, en nombre de Europa. Qué se requería exactamente para «avanzar en felicidad y en confianza para atacar a los enemigos de Dios» (esas fueron sus palabras, según se dice) quedaba al buen juicio de los príncipes cristianos. Entre ellos se encontraba el rey Alfonso IX de León (1188-1230), un joven y sabio gobernante que fue pionero en arrebatar tierras y ciudades de forma efectiva a los musulmanes del norte de la península ibérica.

El primer Parlamento que convocó Alfonso IX nació del desaliento. Muchas comunidades cristianas que vivían en el norte de España habían ido inquietándose cada vez más, cosa comprensible, por su futuro. El siglo VII había visto cómo los seguidores del profeta Mahoma conquistaban Siria, Palestina, Egipto y la costa del Norte de África. Durante el siglo siguiente, los musulmanes llegaron hasta las puertas de Constantinopla y, después de conquistar España, entraron en el sur de Francia. En el siglo IX tuvo lugar el saqueo de Roma, y las fuerzas sarracenas ocuparon Sicilia y las costas y colinas del sur de Italia. El temor de que la cristiandad pudiera desaparecer por completo se veía agravado por la pérdida de Jerusalén, y por la sensación de que el mundo cristiano se estaba desmoronando por los bordes africanos y asiáticos. Las iglesias nestoriana y jacobita fueron cercenadas por la ocupación sarracena de gran parte de Asia Menor, y luego de Persia. La iglesia de Abisinia también fue puesta en cuarentena de manera similar, mientras en Siria, Egipto y otros lugares decenas de miles de cristianos se sentían estrujados por las fuerzas combinadas de lo que consideraban unos impuestos discriminatorios y una desdeñosa tolerancia por parte de los gobernantes islámicos.

De modo que el escenario ya estaba organizado para un levantamiento cristiano, liderado por Alfonso IX. A la madura edad de diecisiete años se puso la corona de un reino que se encontraba bajo una intensa presión militar, no solo por parte de los reinos vecinos sino también de los ejércitos musulmanes, que habían empezado a apoderarse de grandes extensiones de tierra 400 años antes. Repetidas invasiones de esos ejércitos musulmanes amenazaban con minar la base fiscal del reino de Alfonso. La vieja costumbre por la cual los gobernadores musulmanes contribuían con dinero a los reyes cristianos de la región, unos impuestos conocidos localmente como *parias*, se había desmoronado. A consecuencia de ello se exigieron más impuestos a las iglesias y ciudades, cosa que resultó altamente impopular. Empezaron a llover peticiones sobre los funcionarios del nuevo rey.

Alfonso IX dio la sorpresa decidiendo pelear abriéndose camino desde sus pequeñas posesiones, reconquistando el territorio que él y muchos súbditos suyos consideraban cristiano por derecho propio. Corto de dinero, empezó a recaudar impuestos a todos los cristianos de su reino. En una época anterior al lema «no hay impuestos sin representación», su corte se propuso conseguir apoyos. El objetivo del príncipe era defender y expandir su reino, aunque eso significase establecer compromisos políticos que podían diluir sus poderes reales. La decisión que tomó fue tan improbable como asombrosa: constituyó un Parlamento de representantes.

Alfonso IX buscó primero el apoyo de la nobleza local, los aristócratas guerreros comprometidos con la preservación y expansión de sus tierras. Convencidos de que los monarcas tenían el deber cristiano de guerrear sin fin contra los infieles musulmanes, estaban convencidos de que sus victorias no eran solo un mandato del papa Urbano II, sino también necesarias para aumentar su propio poder y consolidar el reinado de los buenos príncipes cristianos. Alfonso IX también se dio cuenta de que la guerra requería ganarse a los obispos de la Iglesia, la institución que se veía a sí mismo como guardián de las almas y protector espiritual de las tierras de Dios. Con el reino permanentemente asediado y las ciudades estratégicas, como León, ahora convertidas en fortalezas amuralladas, Alfonso IX buscó también cortejar a los ciudadanos más ricos. Unos documentos contemporáneos se referían a ellos como los *cives* o *boni homines*: «buenos hombres» con una reputación de liderazgo que procedía de su elección como miembros de los consejos de las ciudades, llamados fueros. Esos hombres estaban bien situados para proporcionar al rey tanto hombres entrenados en el uso de las armas, como el dinero en metálico que tanto necesitaba.

En el claustro de la Basílica de San Isidoro en León se convocó el primer Parlamento en 1188. La iglesia recibió su nombre del antiguo arzobispo de Sevilla, famoso por su máxima de que solo aquellos que gobiernan bien merecen ser llamados verdaderos monarcas.

La práctica moderna de la representación parlamentaria nació de ese triángulo medieval que comprendía a nobles, obispos y ciudadanos ricos. Fue en la antigua ciudad romana de León, en la primavera de 1188, en marzo, una generación entera antes de la Carta Magna del rey John de 1215, cuando Alfonso IX convocó las primeras Cortes de la historia, como pronto las bautizaron sus contemporáneos, usando el término tanto para los consejeros que servían al monarca como para la ciudad donde residía el rey. Los delegados de los tres estamentos regionales (guerra, alma y dinero) se reunieron en los claustros de piedra de la iglesia magníficamente modesta de San Isidoro.

La asamblea no era la típica reunión de aduladores cortesanos. De hecho, fue la primera convención que se registra de los tres estamentos, ya que hasta entonces en todas las reuniones convocadas por los monarcas de la región se habían ignorado los intereses de las ciudades. Llegó a dictar hasta quince decretos (la autenticidad de varios de ellos es discutible) que juntos equivalían a algo semejante a una Constitución. El rey prometió que a partir de entonces consultaría y aceptaría el consejo de los obispos, nobles y «hombres buenos» de las ciudades en asuntos de guerra y paz, pactos y tratados. Los obispos, que hasta aquel momento tenían prohibido prestar juramento de fidelidad a cualquier poder temporal, se unieron a los caballeros y a los ciudadanos y prometieron que también trabajarían por la paz y la justicia. Entre todos dictaminaron que la propiedad y la seguridad de residencia eran inviolables. Resolvieron que los procedimientos judiciales y las leyes que elaboraban tenían que ser respetados, y que el rey se guiaría en lo posible por las leyes generales heredadas de tiempos más antiguos. También se acordó que habría futuras asambleas del rey y los representantes elegidos por los tres estamentos.

Gobierno representativo

Los buenos representantes cristianos del primer parlamento que existió no podían saber cuál iba a ser su contribución a la futura era de la democracia electoral. Sin embargo, la asamblea de León fue de una importancia histórica profunda. No solo rechazaba la antigua costumbre de que los cortesanos se reunieran para renovar su fidelidad a la voluntad de su soberano; también demostraba que los acuerdos políticos entre intereses en conflicto se podían cerrar siguiendo las normas del juego limpio, sin recurrir a la fuerza bruta o tratar a los oponentes como enemigos. En agudo contraste con la creencia de los demócratas atenienses de que la democracia solo podía funcionar cuando los

ciudadanos compartían un sentimiento indiviso de comunidad política, las Cortes suponían la probabilidad de que existieran intereses en
competencia y potencialmente en conflicto, y el deseo de un compromiso pacífico entre ellos. Además, presuponía que las oportunidades
de alcanzar acuerdos valiosos se veían mejoradas limitando el número
de personas que tomaban las decisiones (a poco más de varias docenas de representantes, aunque no estemos seguros de ello), a alguno
de los cuales se le requería viajar grandes distancias desde partes muy
remotas del reino. Los reinos podían ser gobernados sin que se per-
diese la confianza ni el consentimiento de sus súbditos más alejados,
se afirmaba, precisamente porque los implicados en tomar las decisiones tenían el poder de amenazar con enfrentarse presencialmente al
monarca para defender los intereses de sus súbditos.

Los representantes de los tres estamentos, más tarde conocidos como
procuradores, se consideraban agentes autorizados a actuar en nombre de otros, en defensa de los intereses de su grupo, en presencia del
rey de León Alfonso IX.

Este método de gobierno representativo pronto se puso de moda. Rápidamente enraizó en todo el norte de España, donde los parlamentos estuvieron especialmente activos durante los tres siglos siguientes.

Esos parlamentos tempranos no eran complacientes con el poder, simples salones de cotilleos o tertulias, como fueron diciendo futuros críticos de la democracia electoral. Se ocupaban de las quejas colectivas, que podían ir desde la forma de llevar una guerra a las relaciones con musulmanes y judíos. Y al daño ambiental causado por los animales del monarca, pasando por el reclutamiento militar forzoso, el nombramiento de embajadores, los estándares de pesos y medidas y las condiciones de vida de los campesinos. Al parecer, estos parlamentos no solían demostrar miedo alguno a plantarse cuando los monarcas intentaban decidir arbitrariamente, sin tener en cuenta los deseos de sus súbditos. Los monarcas apenas podían reclamar un subsidio (a veces llamado *servicio*) o gravar con impuestos sin su consentimiento. A menudo, los parlamentos recaudaban los impuestos a través de sus propios agentes, prescribían cómo debían gastarse e incluso exigían auditorías del presupuesto real. Las asambleas representativas en las zonas rurales, mientras tanto, se ocupaban de cosas como los sistemas de regadío (los tribunales del agua de Cataluña, Valencia y Murcia, zonas propensas a las sequías, son un buen ejemplo), y el reparto y coordinación de derechos de pastos para el ganado a través de asambleas móviles de pastores llamadas *mestas*. De esa manera, y de otras, los parlamentos servían más allá de los intereses de los estamentos dominantes. Se oponían al gobierno arbitrario, arcano y violento; actuaban como contrapeso de la tiranía mezquina y la monarquía absoluta; y al sacar a la luz las exigencias de representación popular, nutrían el espíritu democrático de «libertad» e «igualdad» asociado comúnmente con formas posteriores de gobierno representativo.

Resulta fácil de ver, en retrospectiva, la originalidad y el impacto político a largo plazo de esos nuevos métodos de gobierno representativo. Los parlamentos pronto se extendieron a otras partes de Europa, migraron a través de los océanos, y ayudaron a dar nacimiento a una gran familia de instituciones cuyo resultado acumulativo fue una amplia variedad de democracias en su forma representativa. Algunas democracias electorales, como en Latinoamérica y Estados Unidos, decidieron confiar en presidentes electos que ejercían poderes bastante separados de sus parlamentos. Otras, como Grecia, la India y la República Federal de Alemania, optaron por un gobierno parlamentario con primeros ministros o presidentes que respondían directamente ante el Parlamento. Por su parte, Canadá, Nueva Zelanda y Australia eligieron un gobierno parlamentario encabezado por un monarca con poderes sobre todo ceremoniales. Había sistemas altamente centralizados y sistemas federales de gobierno representativo, mientras que algunos países optaron por sistemas altamente descentralizados de confederación, como la recién independizada república de los Estados Unidos de América y como Suiza. Las ciudades también resultaron ser importantes laboratorios de autogobierno representativo. Fue en las zonas urbanas donde floreció la oposición republicana a la monarquía. También surgieron en ellas las elecciones locales, los ayuntamientos, los poderes judiciales independientes, el *habeas corpus* (prohibición de la tortura y la prision) y, mucho más tarde, gobiernos electos que proporcionaban transporte público, parques y bibliotecas para el uso y disfrute de sus ciudadanos. El caso es que el libro de la democracia electoral carecía de una trama coherente. Eran páginas sueltas, párrafos separados, algunos completos, pero la mayoría esbozos sin terminar de temas posibles. Pero entre todo ese desorden, un tema común sobrevivió hasta las primeras décadas del siglo xx: la democracia llegó a significar el autogobierno del pueblo a través de unos representantes escogidos en elecciones periódicas.

Como forma práctica de manejar el poder, la democracia electoral demostró que no todo salía redondo, y que ocurrían cosas nuevas bajo el sol. Desencadenó grandes disputas políticas, centradas en la espinosa cuestión del sentido de la representación. Hubo vidas que quedaron destruidas por las revoluciones. Se derramó sangre. En ocasiones, como en los primeros parlamentos del norte de España, los representantes incumplieron el mandato del debate pacífico y se pelearon con puños y espadas por dos definiciones de lo que significaba representación que estaban en claro conflicto. ¿Eran simples sirvientes y portavoces de sus electores, que necesitaban mantenerlos a raya, o bien había que tratarlos como guardianes libres de la comunidad política? ¿Deberían tener los representantes unas instrucciones cuidadosamente expresadas y vinculantes (*poderes*) que los obligaran a hacer lo que se les decía? ¿Era una buena práctica someterlos a interrogatorio cuando volvían de una sesión del Parlamento, como ocurría frecuentemente en la ciudad de Barcelona, que tenía un comité permanente (*Vintiquatrena de Cort*, la Comisión de los 24) para vigilar la vida pública y privada de sus representantes? ¿Estaban obligados a veces a decir que no a sus electores para mantenerse al margen de las refriegas y trabajar desinteresadamente por el mayor bien político? Si era así, ¿debía ser indispensable la unanimidad sobre las cuestiones importantes? ¿Podría requerir el consenso a veces la expulsión física del Parlamento de los recalcitrantes, aunque fuera pataleando y gritando? ¿Era sensato el método utilizado por las Cortes de Aragón, que elegían a unos magistrados que podían vetar a los representantes haciéndoles pasar una prueba, conocida como la *habilitación*, destinada a garantizar su compromiso con la unanimidad? ¿Era cierto (como bromeaban los locales) que la aprobación de cada una de las leyes de Aragón era como un milagro divino?

El consentimiento de los gobernados

El gobierno representativo produjo momentos de alborozo, pero también dio lugar a una enorme familia de instituciones y prácticas destinadas a manejar el grave asunto de moderar el poder de los gobernantes. Entre las más significativas estaban las constituciones escritas, del tipo de las acordadas por la primera asamblea parlamentaria en León. Estas constituciones llegaron a considerarse un medio importante para proteger el principio de igualdad (de aquellos que contaban) bajo la ley, restringiendo la prepotencia de los gobiernos que aseguraban poseer un mandato popular, o evitando que se hiciera con el poder un ejército o una facción política poderosa, como la aristocracia terrateniente.

Dentro del extenso cuerpo de creyentes cristianos conocido como Iglesia, también había concilios y sínodos de representantes. Los concilios incluían a representantes de la Iglesia que se reunían para discutir asuntos de fe y orden, y para emitir decretos en asuntos espirituales y terrenales. El más espectacular, desde luego, fue el Concilio de Constanza, una asamblea de representantes que empezó en noviembre de 1414 en la ciudad imperial de Constanza, en Suabia (región sur de la Alemania actual). Duró cuatro años, y atrajo enormes multitudes de cristianos y otros testigos. Convocado por el rey de Hungría, Segismundo de Luxemburgo, el concilio, de 600 personas, tenía el encargo de resolver un problema bastante grave. La Iglesia estaba dividida por la existencia nada menos que de tres papas: Juan XXIII, Gregorio XII y Benedicto XIII, cada uno de los cuales afirmaba poseer el título exclusivo de cabeza de la Iglesia. La cuestión era: ¿cómo combinar esa trinidad terrenal en una sola cabeza? El concilio actuó como una convención constitucional de nuestros días o una conferencia de un partido político. Los delegados accedieron a elegir a un papa, pero con la condición de que el concilio tuviera muchas más reuniones, porque este derivaba su autoridad directamente de Cristo, de modo que los poderes del papa solo eran concedidos en fideicomiso, para el beneficio de la Iglesia. En esto el concilio se mostró inflexible: el Supremo Pontífice era el ministro de la Iglesia, no su soberano. Su gobierno descansaba en el consentimiento de los gobernados.

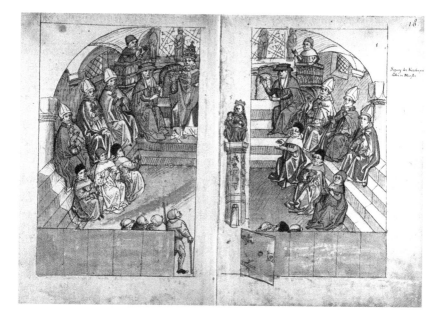

Eruditos, obispos y cardenales debatiendo con el papa Juan XXIII (ganador del concurso papal) en el Concilio de Constanza, que se llevó a cabo durante los años 1414-1418.

El principio de que el poder terrenal requiere el consentimiento de los creyentes volvió a surgir más tarde, en las tierras altas y bajas escocesas, en el pacto defendido por los protestantes calvinistas durante el siglo XVI, que fue una de las invenciones de más peso en la historia de la democracia electoral. Obsérvese que muchas de estas institucio-

nes básicas se hallaban marcadas por la cruz. «El movimiento democrático es el heredero del movimiento cristiano», remarcaba el antifilósofo del siglo XIX Friedrich Nietzsche (1844-1900).[13] Tenía razón.
Toda la idea del pacto se basaba en la convicción de que Dios es la
fuente de todas las cosas humanas, el gran vigilante que aparece con
un rostro poco amable ante los mortales que se atreven a actuar como
sustitutos suyos. «Pensad en esto y reflexionad: quien se resiste al poder, se resiste a Dios», fueron las famosas palabras utilizadas por Iván
el Terrible (1530-1584) para justificar la obediencia incondicional a
los gobernantes, cualquiera que fuera su estupidez o su crueldad. Los
partidarios del pacto no querían saber nada de esas paparruchas movidas por el hambre de poder. Por eso hicieron un llamamiento a que
los fieles se aliaran para refrendar a los gobernantes terrenales que se
creían divinos. Un predicador de Glasgow del siglo XVII, que apoyaba
un pacto nacional firmado por 60.000 personas de todas las profesiones y condiciones sociales, Alexander Henderson (1583-1646), usó
estas palabras en un sermón que pronto asustaría a los tiranos y daría
pábulo a unas cuantas revoluciones políticas: «Cuando los hombres
empiezan a salirse de la fila y olvidan su propia subordinación, aquellos que tienen por debajo dejan de estar sujetos a ellos porque se han
salido del orden correcto».[14]

Un razonamiento similar estimuló la lucha por la libertad de prensa, el principio de que los ciudadanos debían negarse a dejar que sus
representantes estatales reivindicasen un control exclusivo sobre la
prensa. La libertad de prensa se justificó inicialmente en términos
cristianos, por ejemplo, en la *Areopagitica* de Milton (1644), que cons-
truyó el astuto argumento de que la resistencia de los fieles debía
ponerse a prueba día a día con las palabras del demonio, que circu-
laba a través de libros, periódicos, novelas y panfletos. La libertad de
prensa más tarde se convirtió en una exigencia fundamental de la
lucha secular por las libertades civiles y políticas, especialmente el
derecho al voto. La exigencia echó raíces primero en las regiones más
septentrionales y occidentales de Europa, incluyendo Irlanda y las islas británicas, desde donde se extendió posteriormente a las colonias
americanas, el norte de Canadá y toda la América hispánica.

Parlamentos, constituciones escritas, consejos de representantes,
libertad de prensa: ninguna de estas instituciones era conocida en
el mundo antiguo de la democracia asamblearia. Como tampoco lo

eran las votaciones en elecciones periódicas. Las costumbres de levantar la mano, colocar piedrecillas en un recipiente o entregar *ostrakia* eran comunes en las asambleas antiguas, pero votar no se entendía como un acto de representación. Elegir a representantes libremente y las elecciones justas y periódicas formaban parte del núcleo del nuevo paquete de instituciones llamadas democracia electoral. Sí, votar a representantes tenía unas raíces hondas y complejas, que se remontaban a los primeros parlamentos españoles y a las luchas de poder dentro de la Iglesia cristiana medieval. Sin embargo, cuando revisitamos la historia de las elecciones, especialmente a partir del siglo XVIII, resulta difícil pasar por alto la novedad de la sangre, sudor y lágrimas invertidas en las luchas históricas a vida o muerte por «una persona, un voto».

Queriendo elevar el ánimo de la campaña a favor del sufragio de las mujeres en Reino Unido, Muriel Matters contrató un dirigible para que lanzara panfletos encima de Londres, el 16 de febrero de 1909, el día que el rey Eduardo VII inauguraba oficialmente el Parlamento. A la aeronave, que tenía poca potencia y medía 24 m de largo, con Matters sentada en su barquilla, se la llevaron vientos adversos y nunca llegó a Westminster, pero el atrevido acto generó una considerable publicidad para la causa, que finalmente tuvo éxito en 1928, cuando las mujeres de Inglaterra, Gales y Escocia obtuvieron el derecho a voto en los mismos términos que los hombres (de los veintiún años en adelante).

El sufragio universal fue el gran mobilizador utópico de la política democrática de los primeros tiempos modernos. Se escribieron folletos apasionados y poemas emocionantes en su honor. En «Día de elecciones, noviembre de 1884» Walt Whitman retrató las elecciones americanas como «el día para elegir», un «conflicto sin espadas», y una «escena y espectáculo» más poderoso que las estruendosas cataratas de Niágara y el vigoroso Mississippi. El sufragio universal y las elecciones libres despertaban grandes expectativas de gobiernos no corruptos y próximos, de igualdad política, dignidad social e incluso de armonía colectiva de una sociedad sin clases. Muriel Lilah Matters (1877-1969), nacida en Australia, que fue la primera mujer en hablar en la Cámara de los Comunes británica (desde la galería pública, encadenada a sus barrotes), estaba segura de sus efectos de limpieza pública. Emily Pankhurst y otras sufragistas se encontraban entre las que predecían que sería el fin del militarismo. «La papeleta es tan esencial para la democracia como la bayoneta para el despotismo», escribía Walter Thomas Mills (1856-1942), socialista americano editor y cofundador del Partido Laborista en Nueva Zelanda. «El gobierno de la mayoría es el único método racional de administrar los asuntos de un Estado libre. El sufragio debe ser universal. Debe ser concedido en igualdad de términos a todos aquellos que comparten las ventajas y soportan las responsabilidades de vivir dentro de las fronteras de un Estado semejante».[15]

Unas cuantas personas sacrificaron su vida por el principio y la práctica de unas elecciones limpias, entre ellas Francisco Madero (1873-1913), un demócrata mexicano algo diferente. Rico propietario de tierras con conciencia social, estaba seguro de que la democracia representativa no se podía importar a México; no era un artículo que se pudiera comprar, ni un arma que se pudiera meter en el macuto de los soldados y descargar a través de su cañón. La democracia era una sensibilidad. Tenía que salir del corazón de los ciudadanos. Por eso Madero trabajaba incansablemente para alterar la percepción del poder, construyendo una red ciudadana que hacía campaña por unas elecciones libres y justas, y por el exilio del dictador mexicano Porfirio Díaz. La democracia electoral exigía un cambio de mentalidad radical, en cuerpo y alma, decía Madero a sus partidarios. El apóstol dejó de fumar, destruyó su bodega privada de vinos, abandonó las siestas y dejó de comer carne. En un momento dado, en parte para escapar de las enormes multitudes que lo saludaban con un «¡Viva!», pasó cuarenta días y cuarenta noches en el desierto, bajo la Vía Láctea, junto a un rancho que llamó «Australia».

Para Madero, lo personal era político. Esa convicción le otorgó, como otorgaría más tarde a millones de ciudadanos y sus representantes electos, una fe profunda en la causa democrática, y en el poder del liderazgo magnánimo. «Ni la pobreza, ni la prisión, ni la muerte me asustan», escribió.[16] La fe de Madero se vio recompensada con su elección a la presidencia con una mayoría de casi el 90 %; a los treinta y siete años, eso lo convertía en uno de los líderes más jóvenes de México. Solo dos años después fue recompensado con una bala en el cuello, en mitad de la noche, cortesía de una conspiración organizada por el embajador americano, Henry Lane Wilson.

Resistencia y victorias

Las peticiones de sufragio universal desbordaban de espíritu democrático a lo largo de toda la región atlántica, pero sus oponentes cada vez estaban más asustados. «Democracia» era para ellos un morfema sucio. La famosa traducción de Nicolás Oresme de la *Política* de Aristóteles, encargada para su uso cortesano por Carlos V en torno a 1370 y finalmente impresa en 1489, contiene una ilustración cuyo lado derecho (el angélico) incluye a la monarquía, la aristocracia y la timocracia, es decir, el gobierno de la clase rica propietaria, guiada por el honor. Su lado izquierdo (demoníaco) contiene imágenes de tiranía, oligarquía y democracia. La democracia está simbolizada por plebeyos y soldados, y una víctima medio muerta desplomada en una picota.

Tres siglos más tarde, poco después de que los jacobinos franceses ejecutaran a Luis XVI, la democracia recibió un trato igual de rudo por parte del destacado artista satírico inglés James Gillray (1756-1815). La democracia es un rufián jactancioso de ojos saltones, un plebeyo hirsuto que lleva una escarapela francesa, con una daga ensangrentada metida en el cinturón, soltando ventosidades. Bien entrado el siglo XIX, la iconografía seguía siendo la misma. Para sus enemigos jurados, la democracia era sinónimo de chusma, de ple-

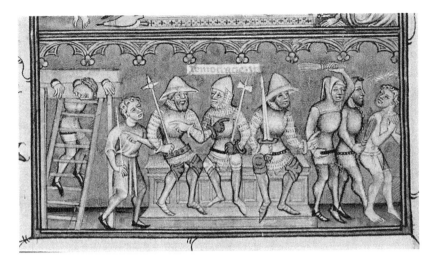

Democracia como gobierno temerariamente violento en la traducción de
Nicolás Oresme del siglo XIV de la *Política* de Aristóteles.

beyos malolientes y malhablados, vestidos con harapos, difusores de
la ignorancia y las pasiones más bajas, fomentadores del caos y la
violencia de clase. Se hablaba mucho de la democracia como una
posesión que corresponde a la «raza blanca», como en el tratado de
Die Demokratie von Athen, del historiador y político húngaro Gyula
(Julius) Schvarcz (1839-1900).[17] La idea de que gentes de distinta riqueza, raza y género tuvieran derecho a ser tratados por igual dentro
de una comunidad política, fuera cual fuese su tamaño o composi-
ción, generaba protestas. El que fue durante mucho tiempo rector
de la universidad de Cornell, Andrew White (1832-1918), advertía de
que la mayoría de los votantes potenciales «no eran conscientes ni
siquiera de sus intereses más directos», y de que el sufragio universal
entregaría el poder a «una multitud de campesinos iletrados, recién
llegados de las ciénagas irlandesas o de las minas bohemias, o de
los nidos de ladrones italianos».[18] Movilizando el lenguaje de la hostilidad hacia los forasteros, las mujeres, la clase inferior y las razas
inferiores, Charles Francis Adams Jr., el nieto de John Quincy Adams
y bisnieto de John Adams, advertía de forma similar de que, en el
contexto americano, «el sufragio universal solo puede significar, en
inglés sencillo, el gobierno de la ignorancia y el vicio [...] significa un
proletariado europeo, y especialmente celta, en la costa atlántica, un

Un demócrata, o razón y filosofía, de James Gillray (1793), se completó poco después de que se guillotinase a Luis XVI, de la declaración de guerra de Francia a Gran Bretaña y la República de Holanda, y de la propagación de la violencia revolucionaria y el terror en París. El demócrata (basado en el líder local de la oposición, Charles James Fox) está retratado como un *sans-culotte* enloquecido celebrando la ejecución del rey y cantando el himno revolucionario «Ça ira» («Todo irá bien»): «¡Todo irá bien, todo irá bien! / No habrá más nobles ni sacerdotes, / los aristócratas colgarán de los postes / y en la calle reinará la igualdad».

proletariado africano en las costas del Golfo y un proletariado chino en el Pacífico».[19] Más al sur, en Buenos Aires, Paul Groussac (1848-1929), el maestro conservador de las letras argentinas, dramaturgo y director de la Biblioteca Nacional, nacido en Francia, denunciaba una «democracia niveladora» como receta para la «regresión moral» y la barbarie. Y en cualquier otro lugar de la América hispana, más de unas pocas figuras públicas bien colocadas se alinearon con la famosa observación de aquel soldado y hombre fuerte venezolano, Simón Bolívar, que sentía en la médula de sus huesos que solo «un despotismo capaz» podría gobernar con éxito a los pueblos de la América hspánica.[20]

Al otro lado del Atlántico, la declaración fundacional del Partido Conservador Alemán, redactada en 1876 por el líder del partido Otto von Helldorff-Bedra con la ayuda de su compañero, también Otto, pero este Bismarck, advertía en contra de «la creciente degeneración de las masas». El sufragio universal era algo demoníaco; lo que se necesitaba era un orden político basado en la monarquía, un Estado fuerte y una libertad económica «ordenada», y lo que él llamaba los «grupos naturales y divisiones orgánicas del pueblo». Justo al otro lado del mar del Norte, se citaba ampliamente la belicosa insistencia del famoso historiador del derecho Henry Sumner Maine en que el principio «una persona, un voto» era una rémora para el progreso. «El sufragio universal», escribía, «ciertamente habría prohibido la máquina hiladora y el telar mecánico. Ciertamente habría prohibido la trilladora. Habría impedido la adopción del calendario gregoriano, y habría restaurado a los Estuardo».[21]

Palabras ásperas, sentimientos avinagrados, pero las tendencias históricas resultaron más caritativas. En las primeras décadas del siglo XX, la oposición al principio «una persona, un voto» se vio templada, desgastada poco a poco y al final derrotada políticamente en la región atlántica. Fueron floreciendo los esfuerzos por ayudar a los ciudadanos a controlar y mejorar la calidad de sus representantes electos. Se reconocieron los peligros que suponía el gobierno de la mayoría («la tiranía de una multitud es una tiranía multiplicada», exclamaba el escritor conservador y político anglo-irlandés Edmund Burke[22]) y los méritos de la representación proporcional. También el boicot, un invento irlandés. Las energías políticas se pusieron en las elecciones, librándose de los efectos corruptos de la votación a mano alzada, la intimidación de los votantes y los sobornos con fines electorales. El voto secreto, normalmente llamado «voto australiano» ya que fue importado del Estado de Tasmania, resultó popular en lugares tan distantes entre sí como Dublín, Salem, Boston, Caracas y Montevideo. La práctica implicaba imprimir unas papeletas conteniendo los nombres de todos los candidatos, distribuirlas en unos colegios electorales bien supervisados, y requerir a los votantes que las marcaran en secreto y colocaran sus preferencias en una urna cerrada, después de lo cual unos funcionarios, que habían jurado mantener la neutralidad política, las contaban.

Los demócratas americanos impulsaron más innovaciones electorales. Se concentraron en reformas como las elecciones directas de senadores (en vez de ser nombrados por Estados y legislaturas). Los primeros grandes avances ocurrieron en los Estados de Oregón y Nebraska, y poco después triunfaron a nivel federal en 1913, con la ratificación de la decimoséptima enmienda a la Constitución. Se publicitó como una gran victoria, el triunfo merecido del pueblo sobre el deficiente sistema de nombramiento de senadores por cada Estado que se había adoptado en la Convención Constitucional de 1787, basándose en el argumento espurio de que los senadores, normalmente propietarios de esclavos, elegidos por periodos largos por los parlamentos estatales serían unos auténticos caballeros, capaces de mantenerse al margen del pueblo egoísta de sus Estados.

La joven democracia americana también experimentó con mecanismos de destitución destinados a librarse de charlatanes e inútiles. Un líder de esas innovaciones fue el médico convertido en promotor inmobiliario John Randolph Haynes, que dirigió la Liga para la Legislación Directa de Los Ángeles. Se veía a sí mismo como un defensor de la «masa de ciudadanos» que se habían quedado «indefensos entre elecciones», y en un discurso tras otro deploraba «la ineficacia, el derroche y la corrupción». Él y sus partidarios consiguieron la inclusión de una cláusula de destitución en los estatutos de la ciudad de Los Ángeles en 1903. A nivel estatal, Oregón fue el primero en adoptar la misma medida, en 1908. A continuación lo siguieron diecisiete Estados más. En todos los casos el principio era: si un número considerable de ciudadanos (normalmente entre un 10 y un 40%) no estaba de acuerdo con la actuación de sus representantes directos entre elecciones, esos representantes podían ser destituidos antes de que expirase el término de su mandato. Era una forma de dar una patada en el trasero a los políticos inútiles, que o bien eran expulsados del cargo o se les permitía completar el mandato original como si fuera una sentencia suspendida.

Los americanos experimentaron también con una versión moderna de la antigua norma griega de que los ciudadanos podían proponer leyes o enmiendas por referéndum. En 1898, en el Estado de Dakota del Sur, esta norma tuvo un fuerte apoyo entre los sindicatos, como arma valiosa en el arsenal de lo que se llamó «la legislación del pueblo». Los progresistas no consiguieron nunca codificar la iniciativa federalmente, pero el referéndum fue adoptado ampliamente a nivel estatal, de condado y local, en todo el país. Durante el siglo xx se usó por parte de un espectro notablemente amplio de intereses para distintos objetivos, como el derecho al voto de las mujeres, la abolición de la pena de muerte y el establecimiento de una jornada laboral de ocho horas en las obras públicas (todo esto ocurrió en Oregón). Venía en dos formas: la «iniciativa indirecta» establecía que se encargaba a los votantes presentar demandas al Parlamento para que actuase; la «iniciativa directa», más común, establecía que cualquier votante podía presentar cualquier iniciativa, pero se requería la firma de normalmente entre un 5 y un 15% de los votantes registrados antes de poder ser sometida a votación, ya fuera en las siguientes elecciones programadas o en unas elecciones convocadas especialmente para considerar esa propuesta.

Estados e imperios

Referéndums y destituciones por votación, libertad de prensa, elecciones periódicas, partidos políticos y parlamentos: esas instituciones y la forma de pensar que promovían eran efectivas y no tenían precedentes. Expresado paradójicamente, la democracia electoral alteró la historia de la democracia. Y lo hizo demostrando que la democracia podía llegar a tener dos sentidos bastante distintos, aunque muy imbricados entre sí, encarnados en distintas lenguas, distintas formas de pensar y distintas instituciones. La nueva política de «gobierno democrático, pero representativo» también transformó la geografía política de la democracia electoral.

A medida que pasaba el tiempo, y a pesar de sus orígenes localizados en ciudades y pueblos, negocios e instituciones religiosas, la democracia electoral llegó a existir sobre todo dentro de unos Estados con fronteras, definidos territorialmente y respaldados por ejércitos permanentes y poderes que podían elaborar leyes y recaudar impuestos. Por eso hoy en día habitualmente hablamos de «la democracia en Francia» o «sudafricana» o «chilena». Esos Estados son cualitativamente mayores y más populosos que las unidades políticas de la democracia asamblearia. Los Estados más democráticos del mundo griego (Argos y Mantinea, por ejemplo) no tenían más que unos cuantos kilómetros cuadrados de superficie.

Los imperios también representaron un papel extraño, pero interesante, a la hora de transformar la geografía política de la democracia. Pensar que los imperios pudieran urdir innovaciones democráticas parece rocambolesco, incluso un oxímoron. Después de todo, esas dos simples palabras, «democracia» e «imperio», no son miembros felices de la misma familia, ni siquiera vecinos amistosos. Democracia electoral: una forma de gobierno en la cual las relaciones de poder se contemplan como contingentes y permanentemente necesitadas de control y de lecciones de humildad mediante elecciones periódicas. Imperio: un Estado de tamaño monumental cuyos poderes económicos, culturales, políticos y militares se extienden mucho más allá de sus fronteras, y cuyas tierras y gentes diversas están controladas por un emperador o un grupo imperial gobernante. Aquellos que gobiernan imperios afirman que tienen jurisdicción universal sobre sus súbditos basándose en criterios como religión, raza, tradición o costumbres «civilizadas». Al final, respaldan sus aseveraciones mediante su monopolio sobre los medios de extracción de la riqueza, la producción cultural, la administración y la violencia. En otras palabras: los imperios son poderes dominantes cuyos gobernantes son propensos a considerarse superiores a todos sus rivales. El pensamiento imperial se exhibe en el lema «AEIOU» («Austria gobierna el mundo entero»), usado por Federico III (1415-1493) y otros monarcas del imperio de los Habsburgo. Como hemos visto, Pericles tenía una idea similar: la fortaleza de la democrática Atenas, dijo al principio de las Guerras del Peloponeso, reside en su posesión de unas fuerzas navales más numerosas y eficientes que las del resto de Hellas.

La mentalidad imperialista ayuda a explicar por qué los imperios adquirieron esa mala fama, especialmente en círculos democráticos modernos, donde la palabra está asociada a una enorme arrogancia, codicia de los recursos naturales y la dominación y el asesinato de pueblos. Eso le garantiza una reputación antidemocrática. Y sin embargo, los imperios modernos no están cortados por ese mismo patrón. Durante la época de la democracia electoral, tres tipos distintos de imperios dejaron su marca en el mundo. Como el imperio soviético del siglo xx, algunos se propusieron aplastar toda oposición y todos los adornos y ceremonias de la democracia electoral ejerciendo un control centralizado e implacable sobre sus súbditos. Hubo imperios, en cambio, que combinaron el control centralizado con un importante poder compartido con sus súbditos, por ejemplo, el uso de las asambleas consultoras (*mesh-werets*) por parte de los otomanos, o la alianza de los gobernantes austrohúngaros en un parlamento bicameral conocido como el Reichsrat (Consejo Imperial). Y luego hubo imperios que funcionaron, a pesar de su violencia, codicia y vanidad, como comadronas de la democracia electoral.

Consideremos el Imperio británico: tras la pérdida de sus colonias americanas, los miembros del gobierno británico del siglo xix usaron una mezcla de tres tipos de estrategias de gobierno distintas que marcaron su imperio y sus «posesiones coloniales» con unas cualidades de mosaico. Estaban las colonias de la Corona, como Bechuanalandia (la Botswana de hoy en día) y Sarawak (un Estado de Malasia), en las cuales el imperio tenía poco o nada que decir localmente en temas de legislación, y la administración la llevaban a cabo funcionarios públicos que informaban a Westminster. Había colonias, como la India, que tenían garantizadas sus instituciones representativas, pero a las que se había prohibido el autogobierno porque la Corona dudaba de que estuvieran preparadas. Y siguiendo la norma imperial de que las colonias distantes funcionaban con menos problemas cuando se les concedía un cierto autogobierno, había *trusted dominions*, que contaban tanto con instituciones representativas como con el poder para gobernar, sujeto solo al veto de la Corona sobre sus leyes y al control de Westminster sobre el gobernador colonial.

Fue en este último grupo de colonias (habitualmente de dominio blanco) donde tuvieron lugar unas innovaciones impresionantes, para las normas de aquel entonces, en la democracia electoral. En 1791 se estableció una casa de asambleas local en la Québec de habla francesa, que entonces era una colonia británica conocida como Bajo Canadá. Un año más tarde se llevaron a cabo elecciones libres, basándose en la norma que permitía votar a cualquiera que hubiese cumplido los veintiún años, mientras tuviera propiedades o pagara impuestos anuales, y no fuera convicto de traición o de algún delito grave. El resultado era que todos los propietarios (hombres o mujeres, de habla francesa o inglesa) pagando la modesta renta anual mínima de 10 libras, tenían garantizado el derecho a voto. Votó un gran número de mujeres por primera vez en el Imperio británico, 136 años antes de que todas las mujeres de más de veintiún años consiguieran el derecho pleno al voto en Reino Unido. El derecho a votar de esas mujeres solo fue temporal. Se abolió legalmente después de la Confederación (1867), pero durante las elecciones de 1820 en la ciudad de Trois-Rivières, un juez local, observando que «aquí las mujeres votan igual que los hombres, sin discriminación», informó de que un hombre entró en el colegio electoral y le dijeron que no podía votar porque sus propiedades estaban a nombre de su mujer. Abochornado, se le obligó a llevarla al colegio electoral, ya que ella era la votante cualificada de su familia.[23]

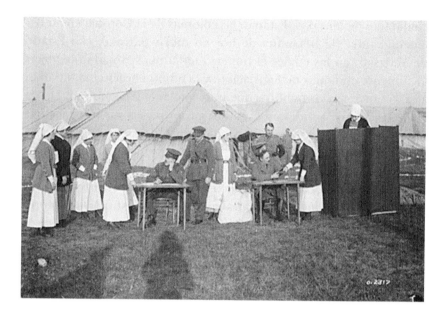

La guerra a menudo ha sido un catalizador de los adelantos democráticos, y así fue para las enfermeras «Bluebird» de Canadá, destinadas a hospitales de campaña en el extranjero durante la Primera Guerra Mundial. Estas mujeres, que servían en el Hospital Militar de Ontario en Orpington, Inglaterra, en diciembre de 1917, fueron de las primeras en votar legalmente en unas elecciones federales desde la Confederación. Todas las mujeres de Canadá consiguieron el derecho a voto pleno al año siguiente, tras décadas de demandas, mítines públicos y actos de desobediencia civil.

La leyenda del pueblo soberano

Cuando miramos hacia atrás y contemplamos todos estos hechos extraordinarios, podríamos afirmar con seguridad que los ciudadanos de las democracias asamblearias se habrían quedado asombrados ante la novedad y la escala de la democracia electoral, e incluso anonadados por su aspecto. «Desde el nacimiento de las sociedades modernas», contaba el autor liberal y político francés del siglo xix François Guizot (1787-1874) a un público parisino durante un famoso curso de conferencias públicas sobre el tema, «su condición ha sido tal que en su institución, en sus aspiraciones y en el curso de su historia, la forma de gobierno representativo [...] se vislumbraba constantemente, de una manera más o menos definida, en la distancia, como el puerto de destino a pesar de las tormentas que las dispersaban y los obstáculos que se enfrentaban y oponían a su llegada».[24] Solo los liberales doctrinarios, creyendo que la historia estaba de su lado, podían pensar de una forma tan optimista sobre el futuro del gobierno representativo. En realidad las cosas nunca fueron demasiado fluidas. Sus defensores estaban obcecados en aplicar la ley de forma desigual, bloqueando a mujeres, esclavos y clase trabajadora las puertas de acceso al gobierno.

Comprensiblemente, la frustración era palpable. La novelista del siglo XIX George Eliot (1819-1880) describía sarcásticamente las elecciones como ceremonias de deliberación y decepción pública, con la catarsis de marcar las papeletas antes de la carnicería del resultado. «Se ha declarado la paz universal», escribía, «y los zorros tienen un interés sincero en prolongar la vida de las aves de corral». No solo las elecciones periódicas generaban una amarga resistencia y desafección; en lugares tan distintos como Francia y Argentina, la democracia electoral también era vulnerable a patologías de su propia creación, fallos que deterioraban un poco la confianza en el sistema y enfurecían y hacían rechinar los dientes a sus enemigos.

Los defensores de la democracia electoral la veían como un medio para reconocer las diferencias de opinión y repartir las culpas en caso de mal liderazgo político. Permitía a los ciudadanos quejarse públicamente y desahogarse sobre sus líderes. Promovía la competencia abierta por el poder, y permitía poner la zancadilla a gobiernos enteros y expulsarlos del poder, si se equivocaban y en el momento en que se equivocaban, como acababa ocurriendo siempre.

Pero hagamos una pausa para ocuparnos de ese rasgo inusual de la democracia electoral: el hecho de que su llamamiento a un pluralismo multipartidista contradice y desacredita la idea de un pueblo soberano unido. La democracia electoral invita a los ciudadanos y a sus representantes electos a dudar de la creencia de que exista un cuerpo unido llamado «el pueblo» (un *dēmos*) que sea la fuente suprema del poder político y la autoridad mundanos. Bastantes defensores de la democracia representativa, Thomas Jefferson entre ellos, observaron correctamente que esa idea del Pueblo Soberano, que debía mucho al mundo griego antiguo y algo a la ley romana, y tenía sus raíces inmediatas en la Europa medieval tardía y principios de la era moderna, era en realidad una extraña derivación de la doctrina del derecho divino de los monarcas, la creencia de que reyes y reinas disfrutan de un derecho otorgado por Dios para gobernar a sus súbditos. La idea del pueblo soberano era un ejemplo de lo que los antropólogos llaman animismo: un ejemplo de que los humanos proyectamos en el mundo nuestra creencia en un Dios imaginado, y luego suponemos que «el pueblo» está dotado y bendecido por ese Dios para gobernar. Es una complacencia en la fantasía de que «el pueblo» es un poder constitutivo singular: el *pouvoir constituant*, como lo describían los pensadores franceses. «El pueblo» se convertía de ese modo en un tirano virtual. *Vox populi, vox Dei*: la voz del pueblo es la voz de Dios.

Escuchemos por un momento las palabras del gran republicano americano John Adams. La lista de adjetivos que acumuló al analizar el «pueblo», normalmente la reservaban sus compañeros de Nueva Inglaterra para cuando hablaban de Dios: «Toda inteligencia, todo poder, toda fuerza, toda autoridad», escribía, «originalmente, inherentemente, necesariamente, inseparable e inalienablemente reside en el pueblo».[25] Esa forma de hablar, adecuadamente destilada para el consumo público, reaparecería en «Nosotros, el pueblo», las tres primeras palabras de la Constitución federal americana adoptada en Filadelfia a mediados de septiembre de 1787. Las palabras confirmaban que «el pueblo» era el animador legítimo del mundo. «Nosotros, el pueblo» eran los que mandaban. No se les podía contradecir. El pueblo era un poder que estaba más allá de la moralidad. Sabía lo que estaba bien y lo que estaba mal. Sabía cómo tenían que ser las cosas.

Los defensores de la democracia electoral expresaban su descontento con las formulaciones simplistas de un pueblo mágico que poseía un poder mágico, aunque no lo dijeran exactamente de esa manera. En realidad lo que hicieron fue hacer un llamamiento a abandonar la abstracción grandilocuente del «pueblo» con el fin de que la gente diversa, de carne y hueso, pudiera vivir junta y gobernarse bien por sí misma. Pero las cosas no estaban nada claras. La mayoría de los defensores de la democracia electoral continuaron aferrándose a la creencia de que «el pueblo» es una ficción útil en esos momentos en que la población con derecho a voto, a pesar de sus diferencias de procedencia y de opinión, hace su aparición como fuerza «soberana». En el momento de las elecciones, los votantes juzgan a sus representantes, a veces con dureza; «el pueblo» concede alabanzas y aplaude locamente o bien se pone furioso y desahoga sus frustraciones en voz alta. Todo esto procedía del principio, decía Benjamin Franklin cuando debatía la redacción de la nueva Constitución de Estados Unidos, de que «en los gobiernos libres, los gobernantes son los sirvientes, y el pueblo es su superior y soberano».[26] Entre elecciones, «el pueblo» parecería un coloso aletargado, que miraba con interés, todo ojos y oídos, en silencio, esperando la siguiente oportunidad de juzgar a aquellos a quienes eligió para gobernarlos durante un tiempo.

El resultado final era que la democracia electoral expresaba dos interpretaciones contradictorias del «pueblo»: un pueblo soberano abstracto e imaginario, que se estimaba que era el cimiento correcto del buen gobierno, y un populacho concreto y real moldeado por gustos diversos y enfrentamientos partidistas, formando una variedad de grupos de interés alojados dentro de la sociedad civil. Desde finales del siglo XVIII, cuando la gente empezó a hablar de democracia representativa, esta contradicción causó inacabables problemas y, sin embargo, la democracia electoral logró lo que la democracia asamblearia nunca había conseguido: desafió un principio metafísico, el del pueblo soberano, que pertenecía a formas de pensar monárquicas y absolutistas. Podríamos decir que la democracia electoral empezó el proceso de democratizar la creencia de que la democracia es esencialmente el gobierno del pueblo soberano. Y lo hizo de una manera desconocida para los antiguos.

Así fue: para los demócratas electorales, las elecciones eran mucho más que un simple método de elegir a líderes o el medio de levantar el ánimo periódicamente a los desilusionados, dándoles la oportunidad de librarse de bribones y sinvergüenzas. Las elecciones recuerdan a los ciudadanos que son miembros de un «pueblo» desunido. Si las decisiones fueran siempre unánimes y los representantes siempre virtuosos, imparciales, competentes y plenamente responsables ante sus votantes, las elecciones sencillamente perderían su razón de ser. Los votantes y sus representantes serían simples espejos unos de los otros. La representación se convertiría en un principio sin sentido, y los conflictos políticos alimentados por la disyuntiva entre lo que «es» y lo que «puede ser» o «debería ser» iría debilitándose. Pero como la gente no siempre está de acuerdo, y los representantes no son ángeles, y como a ojos de los representados nunca hacen las cosas del todo bien, y a menudo las hacen rematadamente mal, las elecciones son un medio vital de disciplinarlos por haber decepcionado a sus electores.

A través de las elecciones, concluían los partidarios de la democracia representativa, los electores (un cuerpo de ficción llamado «el pueblo» que en realidad raramente está de acuerdo en cuestión de asuntos públicos y privados) tienen la oportunidad de expulsar de sus cargos a algunos representantes, y de sustituirlos por otros para que sigan gobernando, pero solo por un periodo limitado.

Populismo

Este razonamiento suscitó enormes problemas. El desacuerdo enconado sobre los métodos electorales y el enfado con los representantes electos asediaron la democracia electoral. Como nueva forma histórica de democracia, también provocó graves disputas sobre el sentido exacto de «el pueblo». Comparada con la democracia asamblearia, la democracia electoral cuestionó la creencia de que el buen gobierno debía basarse en la opinión unánime o casi unánime de un cuerpo de personas que se reunían cara a cara. Este nuevo tipo de democracia ciertamente preservaba la tradición antigua de las asambleas populares en los mítines de los partidos políticos y en las manifestaciones callejeras. Pero lo nuevo de la democracia electoral era su insistencia en que, por motivos de diversidad y distancia, «el pueblo» no podía reunirse regularmente y, por tanto, la gente tenía que gobernarse a través de sus representantes electos, respaldados por partidos políticos que operaban dentro de la sociedad civil.

La línea dura de los creyentes en la doctrina del pueblo soberano encontraba objetable esa nueva fórmula. El problema era el siguiente: cuando se medía según la definición de democracia citada a menudo como «gobierno del pueblo, por el pueblo y para el pueblo» (palabras célebres que usó Abraham Lincoln en Gettysburg para honrar a los soldados que perecieron en la Guerra Civil Americana), la democracia electoral era un engaño. Prometía un gobierno basado en el principio de que «el pueblo» al final es «soberano», aunque en la práctica no era así. No solo permitía que el «pueblo» acabase desaparecido en manos de unos partidos políticos y unos parlamentos en discusión constante, sesgados y partidistas; la democracia electoral era una fórmula para entregar el poder a los líderes electos que ignoraban al «pueblo», por mucho que hablaran y actuaran en su nombre y consultándolo directamente solo de vez en cuando, durante las elecciones. Solo entonces, en el solitario momento de la verdad, se permitía al «pueblo» tener la última palabra a la hora de determinar quién iba a gobernar. La democracia electoral deshonraba caprichosamente el principio de *vox populi, vox Dei*. Ofrecía una receta para la decepción: el triunfo de la voluntad de los representantes electos por encima de las visiones y los intereses de la gente a la que se había robado su soberanía.

Las Masas, del celebrado muralista mexicano José Clemente (1883-1949), es un retrato ambiguo de la soberanía popular donde «las masas» de trabajadores y campesinos parecen una nueva fuerza sin cabeza, con múltiples ojos y bocas, pies y manos, un pueblo que ondea banderas y se moviliza contra un enemigo implícito. Esta imagen de 1935 recuerda la violencia que estalló al principio de la Revolución mexicana de 1910, que se cobró la vida de más de 1,5 millones de personas y obligó a exiliarse a varios cientos de miles.

No resulta ninguna sorpresa que al irse generalizando unas elecciones muy competitivas, primero en las iglesias y las ciudades y más tarde en Estados e imperios enteros, la democracia electoral se viese infestada regularmente por brotes populistas. A los antiguos demócratas asamblearios les preocupaba muchísimo la demagogia, pero el «populismo», una palabra acuñada muy tarde, a mediados del siglo XIX, resultó ser una grave enfermedad autoinmune de la democracia electoral. Abundaron los demagogos que prometían la tierra y actuaban en nombre del pueblo. Ayudaban a estimular las esperanzas de redención; provocaban miedo, contrariedad y resentimiento entre los votantes descontentos y, como decía el novelista americano James Fenimore Cooper en la década de 1830, propagaban «la intriga y el engaño», «la manipulación astuta», y «apelaban a las pasiones y prejuicios, en lugar de la razón».[27]

Echemos un vistazo a un caso temprano de populismo, en Argentina, donde en la década de 1820 un caudillo de manual, el general Juan Manuel de Rosas (1793-1877), demostró que la democracia electoral puede dar origen a una especie completamente moderna de «cesarismo democrático» desconocido para los antiguos y promovido por el miedo.[28] Vale la pena recordar que en la época de la democracia electoral, la América hispánica no era ningún lugar atrasado. Entre 1810 y 1830, después de la invasión de Napoleón de 1807 de la España peninsular, todos los lugares del Imperio americano hispánico experimentaron con los métodos del autogobierno representativo. Esta odisea convirtió gran parte del continente (Brasil seguía siendo una monarquía constitucional esclavista, estrechamente ligada a Portugal) en el lugar más libre de la tierra, al menos sobre el papel. Se alababan muchísimo los principios de la independencia republicana, la confederación y el gobierno federado. Se pusieron de moda las elecciones periódicas respaldadas por constituciones escritas, libertad de prensa y sistemas multipartido. Varias provincias argentinas, atrevidamente, marcaron el paso: sus leyes de sufragio, las más avanzadas del mundo, excluían a las mujeres y a los trabajadores ligados por contrato de servidumbre con la piel negra, pero aparte de eso ampliaban el voto a todos los hombres adultos sin tener en cuenta su educación o su clase. «Todos los hombres libres», anunciaba la Ley de Buenos Aires en agosto de 1821, «nacidos en el país o simples residentes, de 20 años de edad o más, o menores si están casados, tienen derecho al voto».

El general De Rosas se aprovechó de ello. Se vendía como un líder valiente e intrépido, un gobierno de un solo hombre que era salvador de su pueblo y un demagogo adorable. Decía que se le había encargado la tarea de limpiar «un infierno en miniatura», un cuerpo político infectado con el virus de la anarquía política, la inestabilidad financiera y la baja moral pública. Una agradable tarde de otoño en Palermo, junto a Buenos Aires, pronunció un apasionado discurso ante sus partidarios en un lenguaje protodemocrático bajo las copas de unos ombúes, árboles famosos por sus anchas raíces trepadoras y sus troncos huecos. El hombre a quien le gustaba vestir con sombrero y poncho, espuelas de plata en las botas, látigo en mano, dispuesto para montar en su caballo en cualquier momento, dijo que su ideal era una forma de gobierno definida por «los dictadores autócratas que han sido los primeros servidores del pueblo».[29]

De Rosas se propuso experimentar con el arte de usar elecciones, plebiscitos y demandas para aventajar a sus oponentes políticos. Los parlamentos y tribunales quedaron neutralizados. Las elecciones se transformaron en plebiscitos, sumergidos en música atronadora, juramentos de fidelidad y fuegos artificiales. A la menor oportunidad, Rosas ofrecía prebendas a sus partidarios: jueces de paz locales, oficiales militares, administradores, periodistas de periódicos importantes, propietarios de ranchos, comerciantes ricos y cualquiera que quisiera convertirse en vasallo del gran líder. A De Rosas se le daba muy bien fomentar las demostraciones públicas de solidaridad. Los fieles eran instruidos para que vistieran de rojo, el color de sus fuerzas federalistas. A las mujeres se las invitaba a que llevaran flores rojas, preferiblemente rosas, y a que se pusieran cintas rojas en el pelo. El estilo de los hombres era abiertamente macho: caras fieras, pechos hirsutos, gorros rojos, pañuelos y escarapelas de seda pidiendo la muerte de sus enemigos.

Al hombre del pueblo también le gustaba posar como hombre de Dios. De Rosas aduló a los clérigos, muchos de los cuales respondieron llevando cintas rojas, predicando en su favor y organizando procesiones callejeras llevando retratos suyos en alto, que eran exhibidos después en los altares perfumados con romero de las iglesias locales. Mientras tanto se organizaban nuevas unidades de infantería y de artillería. Casi la mitad del presupuesto anual de su gobierno se acababa dedicando al ejército, mientras que, motivado por su paranoia y megalomanía, creó una nueva fuerza privada de policía llamada la Mazorca. Funcionaba como un escuadrón de la muerte que llevaba a cabo asesinatos selectivos (se estimaba que perdieron la vida 2.000 personas) buscando y cazando a los «enemigos grupales» del «pueblo». Afortunadamente para la gente normal de las provincias argentinas, De Rosas fue derrocado por una alianza entre sus opositores nacionales y tropas brasileñas, y lo enviaron al exilio a Reino Unido, donde en agradecimiento a su «amabilidad con los comerciantes británicos que habían hecho negocio con su país» se le concedió asilo y se le dio la bienvenida con una salva de 21 cañonazos. El populismo era bueno para los negocios pero malo para la democracia.

Revolución democrática

El populismo de De Rosas demostraba que la democracia electoral era vulnerable a patologías propias y, en concreto, la ponía en peligro ante la demagogia de líderes hambrientos de seguidores. Desde finales del siglo XVIII hasta bien entrada la década de 1930, el tema de quién era considerado «pueblo» desencadenó otros graves problemas. Al final, las clases trabajadoras y las mujeres fueron reconocidas como merecedoras del derecho a voto. Algunos países colonizados, como Senegal, incluso recibieron el derecho a votar. Y se dio la abolición formal de la esclavitud: en Estados Unidos, una sangrienta guerra civil escindió la democracia electoral de una democracia asamblearia basada en la esclavitud.

Como hemos visto, el sueño radical de extender y universalizar la práctica de «una persona, un voto» nació de muchos conflictos de poder distintos, un buen número de ellos luchados duramente en nombre del «pueblo», y en oposición a los grupos gobernantes, ya fueran príncipes, obispos y sacerdotes, terratenientes o monarcas imperiales. Las disputas sobre quién era exactamente «el pueblo» y quién tenía derecho a representarlo pusieron en vilo a toda la democracia electoral. Hubo insurrecciones, boicots y mucha violencia del Estado. Que determinados grupos como el clero, las clases propietarias o las personas de ciertas regiones geográficas tuvieran derecho a una representación privilegiada resultó conflictivo. En Reino Unido, el filósofo y político liberal John Stuart Mill (1806-1873) defendió la «votación plural», en la cual el número de votos de que disponía cada persona era proporcional a su nivel de educación: un «trabajador corriente sin especializar» tenía un voto, mientras que un «graduado de cualquier universidad, o una persona libremente elegida como miembro de cualquier sociedad erudita» contaría al menos con seis.[30]

Surgieron conflictos por si las minorías podían oponerse legítimamente a los deseos de las mayorías, y si era así cuándo, para evitar una «tiranía de la mayoría» (John Adams), por ejemplo, a través de esquemas de representación proporcional o bien ejerciendo poderes de veto y enmienda en las cámaras altas basándose en diferentes principios de representación. Hasta la década de 1930, durante algunos brotes de populismo, politiqueo malicioso y recorte de costes, los gobiernos de Nebraska, Nueva Escocia, Isla del Príncipe Eduardo, Manitoba, New Brunswick y Queensland, todos estados o provincias dentro de una misma federación, votaron para abolir sus cámaras altas. Sin embargo, los estados federados típicamente preservaron sus sistemas bicamerales, con cámaras altas elegidas sobre una base de representación distinta, normalmente el territorio. Gupos como los austromarxistas y los socialistas sindicales ingleses defendían unos esquemas imaginativos de «representación funcional» que abogaban por el control de la industria por parte de los trabajadores, unos consejos económicos mixtos y otros planes para permitir la representación de los trabajadores, del tipo de los que florecieron brevemente después de la Primera Guerra Mundial en Alemania, Checoslovaquia y otros países centroeuropeos.

Los problemas a la hora de saber quién tenía derecho a voto y qué significaba la representación dieron lugar a muchos neologismos, como «democracia aristocrática» (que apareció primero en los Países Bajos a finales del XVI), y a nuevas referencias, empezando por Estados Unidos, a la «democracia republicana». También se extendieron expresiones posteriores como «democracia social» (acuñada en los círculos trabajadores de Berlín en torno a 1840), «democracia liberal» y «democracia cristiana» (o incluso «democracia burguesa», «democracia de los trabajadores» o «democracia socialista».)

Los nuevos términos expresaban los distintos tipos de enfrentamientos entre grupos y clases para un acceso igualitario al gobierno, que al final resultaban a menudo, por las buenas o por las malas, en victorias para el sufragio universal en las instituciones locales. A millones de personas les parecía que el principio democrático fundamental moderno de elecciones libres y justas periódicas tenía a la historia de su lado. Especialmente a partir de la segunda mitad del siglo XVIII, las luchas por el gobierno representativo y, más tarde, su democratización, generaron gran conmoción pública, alborotos y esperanzas de un futuro mejor.

Con un aroma a empoderamiento del «pueblo» permanente en el aire, los dos últimos siglos de la época de democracia electoral desencadenaron lo que el escritor y político francés del siglo XIX Alexis de Tocqueville (1805-1859) llamaba acertadamente una «gran revolución democrática» en favor de la igualdad política y social.[31] Observaba que la democracia electoral prometía una forma de vida digna, basada en el principio de la igualdad, y predecía que el sometimiento del pueblo por parte de unos amos «aristocráticos» así como la dominación de las mujeres por los hombres estaban entre las desigualdades que tendrían problemas para sobrevivir a la revolución democrática. Las excusas y coartadas para mantener estas desigualdades sonarían aún más falsas y poco convincentes.

A Tocqueville le preocupaba mucho que la revolución democrática moderna pudiera quedar asfixiada por un Estado paternal y todopoderoso que condujese a un nuevo tipo de despotismo. También era consciente de que la construcción de imperios (estaba entre los defensores de la colonización francesa de Argelia) exigía controles drásticos de la democracia electoral, y de que el gobierno colonial era por tanto vulnerable a la resistencia democrática por parte de los colonizados. Sus escritos transmiten con fuerza la sensación de que la democracia electoral estaba permanentemente sometida a juicio, pero no preveía los esfuerzos organizados para limitar el sufragio universal (como en Estados Unidos, donde los afroamericanos, después de la sangrienta guerra civil que se libró en apoyo de su emancipación, se encontraron victimizados por fuerzas racistas decididas a restringir y robar el derecho a voto a determinados grupos, sobre todo los negros y los pobres.[32] También subestimó los peligros del populismo y, como vamos a ver, el desafío que suponían para la democracia electoral los sistemas de mercado de producción e intercambio de mercancías.

Y, sin embargo, Tocqueville acertó: la democracia electoral iba a contribuir a poner patas arriba y del revés el mundo moderno. La democracia electoral asestó un golpe sustancial a la jerarquía de clase, al privilegio masculino, al autoritarismo político y a la servidumbre colonial. La revolución democrática moderna lanzó sus ondas expansivas hacia el exterior, desde la región atlántica al mundo entero. Espoleada por los primeros y tumultuosos enfrentamientos y actos asombrosos como los levantamientos artesanos en los Países Bajos, la ejecución pública del rey Carlos I en Inglaterra y de Luis XVI en Francia, y el levantamiento esclavo contra el gobierno colonial francés en Saint-Domingue (hoy en día Haití), ponía en cuestión todas las formas de intransigencia antidemocrática que consideraban las desigualdades entre las personas como algo «natural». Esclavos, mujeres y trabajadores consiguieron el voto. Al menos sobre el papel, y excepto para los pueblos indígenas, la representación al final quedaba democratizada, incluyendo al grueso de la población. El espíritu de la democracia electoral arraigó en Filipinas, donde una coalición de ciudadanos de clase media y campesinos rebeldes dirigida por Emilio Aguinaldo proclamó la independencia del gobierno imperial español (el levantamiento fue aplastado pronto por la anexión americana y la intervención militar). También llegaron las elecciones a la República de China, donde finalmente en 1948 más de 150 millones de ciudadanos votaron en unas elecciones generales.

Hombres votando con pinceles de tinta (*máo bǐ*) durante las primeras elecciones legislativas de Yuan en China, que se celebraron entre el 21 y el 23 de enero de 1948. Fueron boicoteadas por el Partido Comunista y la participación fue baja, pero se estima que se emitieron 150 millones de votos por parte de las provincias y municipios, las regiones de Tíbet y Mongolia, diversos grupos ocupacionales y ciudadanos residentes en el extranjero. Fueron las mayores elecciones llevadas a cabo en la era de la democracia electoral, y las últimas elecciones nacionales reñidas que tuvieron lugar en la China continental.

Guerra y capitalismo

En los primeros años del siglo xx, la política de buen gobierno basada en el voto de todos estaba en marcha en el mundo entero. La victoria parecía estar justo al doblar la esquina. Se cita a veces a Italia como ejemplo del progreso que se había hecho: sus elecciones generales de 1861, dominadas por unos aristócratas influyentes, tuvieron como resultado la unificación del país como Reino de Italia. Pero el papa se había opuesto ferozmente al cambio y, en cualquier caso, el voto estaba restringido a los hombres alfabetizados de más de veinticinco años y que pagaban impuestos. Las elecciones generales de 1913 siguieron siendo un mundo totalmente masculino, pero el derecho al sufragio se extendió a tres nuevas categorías de hombres: los que tenían más de veintiún años y sabían leer y escribir; hombres analfabetos que habían llegado a los treinta, y todos los que hubieran servido en la armada o el ejército italianos. La tendencia parecía clara. La historia estaba del lado del sufragio universal y del gobierno representativo, o eso pensaban muchos observadores. Pero estaban equivocados, gravemente equivocados.

La democracia electoral estaba a punto de verse empujada hacia pantanos repletos de depredadores políticos. Para empezar, no se encontró solución para el daño causado por rivalidades imperiales y feroces enfrentamientos entre naciones-Estado armadas. En torno al 370 a. C., durante la época de la democracia asamblearia, un núcleo notable de Estados en Arcadia, en el Peloponeso, formaron la Liga Arcadia. Destinada a llevar la paz a una región que había estado dominada por el poder espartano, la Liga parecía una versión simplificada de la Unión Europea de hoy en día, en el sentido de que intentaba componer una confederación a dos niveles sostenida por las normas de la negociación democrática y el compromiso. Gobernada por una asamblea regional llamada los *myrioi*, o «los Diez Mil», mantenía un ejército basado en su nueva capital, Megalópolis. Fue el primer experimento que se recuerda de una democracia que cruzaba fronteras.

Nada semejante ocurrió en la época de la democracia electoral. Resulta notable que durante la década de 1920, especialmente en círculos sindicales, socialdemócratas y sufragistas, se hablara por primera vez de la «democracia internacional». Pero en el corazón de las tierras europeas, tras una devastadora guerra mundial, una epidemia de gripe y el colapso de todos los imperios continentales, el lenguaje y las esperanzas prácticas de una democracia sin fronteras quedaron barridos a un lado. La democracia electoral se encontró atrapada en un infierno político en el cual prevalecían los Estados soberanos territoriales. Hubo choques durante dos décadas (1918-1938) y acabó por estallar una segunda y catastrófica guerra mundial. Como en la época de la democracia asamblearia, las instituciones de autogobierno al final no pudieron competir con las calamidades horrendas de la guerra. La democracia electoral se puso de rodillas, a escala mundial.

En su famoso discurso de los Catorce Puntos, en enero de 1918, en el cual diseñaba una hoja de ruta para terminar la Primera Guerra Mundial y fomentar la seguridad colectiva, el presidente de Estados Unidos Woodrow Wilson (1856-1924) instaba a los líderes y ciudadanos de todas partes a apoyar el principio de la «sociedad de naciones libres». No se mencionaba la democracia electoral, pero estaba claro que Wilson contemplaba un futuro en el cual todos los Estados y sus gentes disfrutaran de la autodeterminación basándose en un gobierno respetuoso de la ley y en el compromiso de unas elecciones libres, más la libertad de comercio. El deseo era reemplazar la guerra y los rumores de guerra por una cooperación pacífica entre Estados independientes, respaldados por «una asociación general de naciones» que se atenía a unos «pactos con el objetivo de permitir unas garantías mutuas de independencia política e integridad territorial por un igual a Estados grandes y pequeños». Pero todo esto resultó ilusorio. Pronto solo quedarían once democracias electorales «de nación libre» en todo el planeta.[33]

Dos tormentas mundiales de acero tuvieron efectos ruinosos en los ideales y estructuras de la democracia electoral. La doctrina de los Estados «soberanos» independientes protectores de sus naciones, una palabra que a menudo se intercambiaba con la expresión «un pueblo», parecía prometer mucho al principio. Ofrecía a los ciudadanos un sentimiento de utilidad y de dignidad, la sensación de pertenecer a un territorio con fronteras, de tener «un hogar» compartiendo con otros no solo el derecho a votar, sino también una misma forma de entender la comida, las canciones, las bromas, los recuerdos históricos, incluso los gestos corporales. En la práctica, el auge de unos Estados belicosos, lubricados por los llamamientos populistas y fanáticos de sus líderes resultó divisivo, excluyente y violento. El lenguaje estúpido usado por líderes como el canciller Otto von Bismarck («¡Alemanes! ¡Pensad con la sangre!») ayudaba a preparar al pueblo para la guerra. Con un colorido lenguaje pseudodemocrático, los demagogos populistas como Benito Mussolini sacaron conclusiones militaristas. Como «la guerra es el estado normal del pueblo», aullaba, «los discursos que se hacen ante el pueblo son esenciales para estimular el entusiasmo por la guerra». ¿Qué mejor para despertar el apetito de la batalla? Plantar «la bandera nacional» en el «estercolero» de la indignidad popular. Hacerles ver que «solo hay dos madres patrias en el mundo: la de los explotados y la de los explotadores». Entonces, concluía, el pueblo, anhelando autodeterminación y justicia, estaría dispuesto a marchar a la guerra por su madre patria, demostrando que «cincuenta mil rifles» valen más que «cinco millones de votos».[34]

El despertar del «pueblo» en Estados-nación armados hasta los dientes resultaría ser un regalo envenenado que se hizo Europa a sí misma, y al resto del mundo. La guerra fue el producto inevitable de unos Estados que se peleaban constantemente, alimentados por pretensiones nacionalistas. Algo similar ocurría con las guerras civiles, como por ejemplo en Irlanda, cuya partición en dos Estados en 1920 provocó pogromos y enfrentamientos armados y obligó a la minoría católica a vivir en una Irlanda del norte gobernada por una mayoría protestante nacionalista británica. Casi 3.000 civiles acabaron muriendo durante la subdivisión de la isla en dos Estados-nación.

La democracia electoral también estaba sujeta a otra amenaza para la cual no había un remedio fácil: el desafío de reconciliar la visión democrática de igualdad con la destrucción y la codicia de la economía capitalista hambrienta de provecho. Hemos visto que las democracias asamblearias griegas pusieron restricciones a la producción e intercambio de artículos; cuando los ciudadanos varones adultos se reunían en público, se veían a sí mismos como los altos beneficiarios de todo aquello necesario para la vida, producido por mujeres y esclavos en la esfera más baja del *oikos*. La política superaba siempre a la economía. Los demócratas asamblearios no creían que existiera algo llamado «economía» cuyas leyes de acumulación hubiera que respetar por el bien del incesante crecimiento económico. En diversos momentos, los defensores de la democracia electoral moderna también se opusieron al fetichismo de la economía. En nombre de la igualdad, se abolieron los requisitos de propiedad para los representantes electos. La democracia electoral ayudó a iniciar el proceso de liberar a los niños de la crueldad del hambre, el látigo y el autoritarismo y la intimidación de la familia. Creó un lugar para los sindicatos independientes, los piquetes pacíficos y los partidos políticos comprometidos a acabar con los salarios de esclavitud y la acumulación irresponsable.

Soldados y paramilitares fascistas levantan sus feces negros en honor a Mussolini en una conmemoración de la marcha sobre Roma en la Piazza Venezia, el 27 de octubre de 1929.

Se establecieron inspecciones de seguridad de las fábricas y comités de salubridad. Los gobiernos locales se vieron presionados a construir alcantarillas, recoger las basuras y proporcionar agua corriente potable.

Las reformas del estado de bienestar en los gobiernos uruguayos, dirigidos por José Batlle y Ordóñez (1856-1929), fueron ejemplares. Demostraron por primera vez en toda la América hispánica que era posible usar las instituciones del gobierno representativo para crear una sociedad más igualitaria, y, de hecho, para producir una democracia electoral que descansara sobre unos cimientos más democráticos y sociales. Contra la feroz oposición de los empleadores hostiles, Batlle luchó con uñas y dientes por la jornada laboral de ocho horas, el seguro de desempleo, las restricciones al trabajo nocturno, las pensiones de jubilación y unos niveles de seguridad en el trabajo obligatorios. El objetivo era desmercantilizar la vida cotidiana, aflojar la garra de las fuerzas del mercado en favor de la igualdad social. Bajo la dirección de Batlle se aprobaron la educación secundaria universal y gratuita y la entrada de las mujeres a la universidad. Decía repetidamente que la educación era un derecho de todos, «sin distinción de clases sociales». En un momento dado, incluso conmocionó a algunos ciudadanos diciendo que a los pobres con talento se les debía dar la oportunidad de convertirse en intelectuales, mientras que los ricos sin talento deberían estar plantando patatas.[35]

Fueron unos logros impresionantes, pero a pesar de ellos la democracia electoral en todo el mundo se vio profundamente dañada por ese sistema de producción y de comercio movido por el beneficio que se llama capitalismo. El economista político americano Thorstein Veblen (1857-1929) observaba que la democracia electoral se podía convertir fácilmente en un «manto para cubrir la desnudez de un gobierno que hace negocios para las clases ociosas».[36] Algunos críticos del capitalismo subrayaban que sus promesas de «trabajo libre» eran contradecidas por la gran violencia que se ejercía sobre el pueblo, ya fuera por parte de filibusteros, piratas y comerciantes de esclavos, o por industriales y comerciantes coloniales sedientos de riquezas. Otros denunciaban la forma en que la mentalidad capitalista corroía el ideal democrático de igualdad para todo el mundo. El capitalismo alimentaba y extendía la codicia, un apetito por el poder arbitrario impulsado por el narcisismo, la conformidad vulgar, la estupidez y la demagogia.[37]

En un panfleto muy leído que circuló poco después de que Hitler fuese nombrado canciller de Alemania, el intelectual inglés Harold Laski subrayaba la imposibilidad práctica de combinar capitalismo y democracia parlamentaria. «La democracia representativa parece que ha terminado en un callejón sin salida», escribía. La raíz última de las dificultades presentes, afirmaba Laski, era «la incapacidad del principio de igualdad de encontrar expresión en un marco de instituciones que le niegan la posibilidad de una existencia efectiva».

Era su forma de decir que el impedimento principal era un sistema económico fundado en el control que tenían individuos ricos y poderosos, familias y corporaciones sobre el petróleo, el carbón, el acero y las altas finanzas. Como «la clase gobernante no está dispuesta a alterar las características esenciales de la sociedad capitalista en contra suya», la prioridad política tenía que ser «un ajuste institucional completo», concluía Laski. Había que evitar la violencia porque su uso amenazaba directamente los principios y prácticas de la democracia. Por el contrario, la prioridad urgente era alterar, a través de sindicatos y elecciones generales, el equilibrio de poder entre el Estado y la economía, ofreciendo «a las masas el potencial de capturar la maquinaria política y usarla para enmendar las desigualdades a las que ha dado lugar el régimen económico».[38]

A lo largo de las décadas de 1920 y 1930 se hicieron patentes quejas similares por parte de millones de ciudadanos y sus representantes. Estos reconocían que el autogobierno basado en el principio de una «una persona, un voto» no se reconciliaba fácilmente con una economía cuya premisa era la concentración de riqueza y poder en unas pocas manos. Había un historial de fondo para estas quejas. Sí, hubo momentos en que la ética y las instituciones de la democracia electoral y el capitalismo parecían inseparables. La famosa fórmula «sin burgueses no hay democracia» captaba bien la idea de que la propagación del capitalismo en algunas partes del mundo ayudaba a erosionar antiguas formas de dependencia desigual de tipo feudal, monárquico y patriarcal.[39] El avance en la producción e intercambio de bienes también desataba unas tensiones productivas entre el poder estatal y los propietarios por un lado y los ciudadanos acreedores celosos de sus libertades públicas por el otro. El principio de «no hay impuestos sin representación», hijo de las ciudades del siglo XVI en los Países Bajos, nació de esas tensiones. Las fricciones entre Estados y mercados también crearon espacio para la formación y florecimiento de las sociedades civiles. El dinamismo inquieto, la innovación técnica y la productividad mejorada del capitalismo moderno difundieron las mejoras materiales que hicieron posible el surgimiento de una clase media. El capitalismo incluso tuvo la consecuencia inesperada de poner los cimientos para la radicalización de la sociedad civil, en forma de potentes movimientos de masas de trabajadores protegidos por unos sindicatos, partidos políticos y gobiernos comprometidos con la ampliación del derecho a voto y la construcción de garantías sobre el estado del bienestar.

El capitalismo y la democracia electoral parecían ser colegas, pero la amarga verdad es que esa asociación siempre fue turbulenta. La democracia electoral se encontró amenazada por la rapacidad del capitalismo, por la forma en que empeoraba la desigualdad y producía unos resultados estructurados por clases, explotaba la naturaleza irresponsablemente y daba lugar a burbujas especulativas, cuyo estallido inevitable generaba brutales bajones. A lo largo de la era de la democracia electoral, estas caídas a menudo alimentaban obsesiones, miedos y sufrimiento en las vidas de la gente. Con ello, desestabilizaban las instituciones democráticas, obligándolas a caer como yemas tiernas en una helada, como ocurrió, espectacularmente y a escala mundial, durante las décadas de 1920 y 1930.

El final de la democracia electoral

Asediada por bancos que se desplomaban, huidas de capital y paro masivo, la democracia electoral en muchos países se vio sacudida por grandes tumultos públicos, presiones para realizar reformas institucionales, llamadas a bombo y platillo a la revolución contra los gobiernos parlamentarios y violencia por parte del Estado. Los grupos que se habían sentido amenazados por la democracia electoral presionaron desesperadamente para que retrocediera. «Cuanto más avanzaba la democratización», informaba un distinguido historiador, «más probable era encontrar a gran parte de la burguesía del lado de aquellos que opinaban en contra de la democratización, la criticaban o se oponían».[40] La coincidencia de la desafección burguesa con la democracia electoral llegó en un momento clave: cuando el derecho a voto para elegir representantes finalmente se empezaba a considerar un derecho *universal*. Algo tenía que ceder, y cedió.

Al parecer, la democracia electoral había llegado a su mayoría de edad en toda la región atlántica, incluida Europa, donde entre 1919 y 1921 se retiraron la mayoría de las restricciones a la votación, primero para los hombres adultos y finalmente (mucho más tarde, por lo general) para todas las mujeres adultas. Pero a medida que aumentaba la presión para incluir en la votación a mujeres, súbditos coloniales y clases bajas, los gobiernos empezaron a verse zarandeados de un lado al otro del espectro político por los partidos políticos. De repente, las elecciones, la competencia entre partidos y el poder compartido parecieron injustos, poco efectivos e indiferentes a las necesidades de millones de personas, no solo para las filas cada vez más amplias de nuevos votantes sino también para los terratenientes y sus aliados militares. Pendientes siempre de un hilo, los gobiernos iban y venían a un ritmo alarmante. Después de 1918, apenas hubo un solo país europeo que se beneficiara de un gobierno que durase más de doce meses. Algunos parlamentos sufrieron un colapso nervioso, turbulento, debido a la multiplicación de partidos agresivos y al fracaso repetido de la autoridad ejecutiva. No era raro ver imágenes de parlamentos destrozados por representantes que se insultaban ferozmente o arrojaban sillas, como si estuvieran asistiendo a una atracción de feria. Con las sociedades civiles crispadas por las divisiones de clase, étnicas y nacionales, las tensiones sociales y los conflictos políticos resultantes pronto se cobraron su factura: el gobierno parlamentario se derrumbó. La oposición armada a la democracia electoral sacó las garras.

Entre los enemigos principales de la democracia durante este período estaban los defensores de la *tiranía púrpura*, unos Estados fuertes gobernados por monarcas inclinados a revertir la ola del sufragio universal y la democracia parlamentaria. La Constitución de Yugoslavia fue reescrita después del golpe de Estado llevado a cabo por el rey Alejandro (que había accedido al trono porque su hermano mayor no se consideró apto ya que había matado a un criado a patadas en un acceso de rabia). La nueva Constitución transfería el poder ejecutivo al rey, que nombraba directamente a media cámara alta del Parlamento, y garantizaba que las leyes pudiesen salir adelante solo con la aprobación de una cámara, siempre que tuvieran la aprobación del rey. El nuevo sistema electoral hacía retroceder claramente el sufragio universal, restituía la votación abierta en los distritos electorales rurales, y los funcionarios públicos eran sobornados e intimidados para que votasen al partido del gobierno.

También florecieron los llamamientos a los liderazgos fuertes y a declarar estados de emergencia. Sonaron las trompetas a favor de las *dictaduras armadas*, que hablaban todo el tiempo del «pueblo». «Estoy convencido», decía el dictador portugués António Salazar (1889-

1970) en 1934, «de que dentro de veinte años, si no hay algún movimiento retrógrado en la evolución política, no quedarán asambleas legislativas en Europa».[41] Lo decía en serio. Y también el mariscal Józef Piłsudski (1867-1935), antiguo comandante en jefe del ejército polaco, que se introdujo en el vacío político producido por un gobierno inestable, la hiperinflación y el asesinato del presidente polaco, Gabriel Narutowicz (1865-1922). Después de dar un golpe de Estado en 1926, Piłsudski amañó las elecciones y ganó con un 46,8 % de los votos en las elecciones de 1930, arrestó y llevó a juicio a los principales líderes de la oposición, y en 1935 impuso una nueva Constitución que legalizaba la dictadura.

La notable excepción a la tendencia del continente europeo fue Checoslovaquia. Séptima economía del mundo en tamaño, y de lejos la democracia electoral más duradera del centro de Europa, fue destruida desde el exterior por un tercer tipo de política antidemocrática jamás experimentada antes en la historia de la democracia: el *totalitarismo*. Primero irrumpió en la escena política en Rusia e Italia, y pronto se expandió a la Alemania de Weimar, cuya crisis permanente preparó el camino para el surgimiento de Hitler; en Japón, hubo un «fascismo desde arriba» o bien «fascismo *cool*», expresión acuñada por el periodista Hasegawa Nyozekan (1875-1969). Lo que resultaba más amenazador del totalitarismo era su siniestra pretensión de ser una forma superior de democracia. Sus defensores se burlaban de las elecciones. Hitler insistía en que la democracia parlamentaria era una gran amenaza para las élites nacidas para gobernar. El general Tōjō Hideki, con sus características gafas (1884-1948), líder en tiempos de guerra del movimiento fascista japonés, prohibió los partidos políticos y a finales de abril de 1942 dispuso unas «Elecciones generales para apoyar la Gran Guerra del Este Asiático». Los nuevos totalitarios juraban que el Estado totalitario era la encarnación de la soberanía del pueblo en el líder. La «Declaración de los derechos de los pueblos trabajadores y explotados» de los bolcheviques en 1918, y la pomposa declaración de una *Volksgemeinschaft* o «comunidad del pueblo» de los nazis expresaban el sentimiento de que el gobierno totalitario era un gobierno de las masas movilizadas, para las masas, por parte de los líderes de las masas, respaldados por el puño de hierro de un poder político inflexible, propaganda organizada, terror, campos de concentración y adoración de la violencia.

Una celebración masiva del 2.600 aniversario de los emperadores japone-
ses ante el Palacio Imperial de Tokio, en noviembre de 1940. Después del
himno nacional, actuaciones musicales y discursos del primer ministro
Fumimaro Konoe y el emperador Hirohito, todo ello retransmitido en
directo por la radio nacional, las 50.000 personas allí reunidas gritaron
tres veces: «Larga vida a su majestad el emperador».

Como si fuera una conspiración demoníaca, las experiencias de la
guerra total y la crisis económica y el surgimiento de la tiranía púrpura, la dictadura militar y el totalitarismo, juntas, demostraron que la
democracia electoral no era algo inevitable. Su fortuna, ciertamente,
no se vio ayudada por los ataques a su núcleo fundamental por parte de intelectuales y periodistas. El importante liberal italiano Bene-
detto Croce (1866-1952) dijo que las elecciones con sufragio universal eran recetas para destruir la libertad y favorecer a los demagogos
y otros aventureros. En *El público fantasma* (1925), el columnista político más distinguido de América, Walter Lippmann (1889-1974), causó
una pequeña sensación al sugerir que la democracia representativa
se fundaba en el mito del «ciudadano soberano y omnicompetente».
La mayoría de los votantes, decía, no tenían más que «un interés pasajero en los hechos». Sobre todo eran criaturas confusas y aturdidas,

«tan perplejas como un cachorro intentando chupar tres huesos al mismo tiempo».

Una forma de pensar similar guiaba el moderno negocio de los sondeos de opinión y las relaciones públicas. El sobrino de Sigmund Freud, Edward Louis Bernays (1891-1995), se encontraba entre sus fundadores. Describiéndose a sí mismo como «consejero de relaciones públicas», amplió las fronteras del muestreo y las técnicas de la persuasión pública hacia lo que llamaba «ingeniería del consentimiento». Estaba seguro de que los votantes eran criaturas sugestionables, movidas por energías libidinosas que necesitaban sublimación, compostura y orden. Unos bombardeos publicitarios inteligentemente elaborados y puestos en funcionamiento por expertos podían cambiar las opiniones de la gente. Sus contribuciones al Comité de Información Pública, una unidad de propaganda con base en Whashington que tenía encomendada la tarea de convencer a la gente de Estados Unidos de que la Primera Guerra Mundial «haría el mundo más seguro para la democracia», lo convenció de esto. Aquí Bernays explica su convicción de que la democracia electoral no tenía futuro:

La manipulación consciente e inteligente de los hábitos organizados y las opiniones de las masas es un elemento importante de la sociedad democrática. Aquellos que manipulan ese mecanismo opaco de la sociedad constituyen un gobierno invisible que es el verdadero poder gobernante de nuestro país [...] En gran medida, los que nos gobiernan, moldean nuestras mentes, forman nuestros gustos y nos inculcan nuestras ideas son unos hombres de los que no hemos oído hablar nunca [...] Son ellos quienes tiran de los hilos que controlan la mente pública.[42]

Estas proclamas eran una mala noticia para cualquiera que todavía creyera que los votantes en elecciones libres y justas elegían a sus representantes de una manera racional y sabia. Hablar de seres invisibles que manejan los hilos y controlan la mente del público es un ataque frontal a los principios del «gobierno democrático, pero representativo». Nos recuerda que nunca existió una edad dorada de la democracia electoral, simplemente porque –con menos de una docena de excepciones– en casi todo el mundo su forma pura nació muerta durante las tres primeras décadas del siglo xx. Sus oponentes lucharon a brazo partido, y con gran éxito, contra su supuesta incompetencia, sus errores fatales y sus supuestos efectos malignos. Querían demostrar con sus actos que la democracia electoral (que según Winston Churchill era la peor forma de gobierno, exceptuando todas las demás formas que hasta el momento se habían probado) era una absoluta incoherencia. El éxito vino a su encuentro. Usando la radio, los periódicos y las películas de propaganda, tanques y aviones bombarderos, gas venenoso, alambre de espinos y campos de concentración, demostraron que se podía hacer que la historia dejase huérfana a la democracia electoral, secuestrando y luego matando su alma y su sustancia.

Tercera parte
Democracia monitorizada

La historia de la democracia contada hasta el momento en estas páginas ha querido imitar el espíritu rebelde de la democracia. Ha cuestionado las narrativas dominantes urdidas por sus enemigos; ha arrojado dudas sobre sus supuestas flaquezas, errores tácticos y prejuicios de los demócratas del pasado, y ha registrado de la manera más honrada posible las incertidumbres y grandes elementos desconocidos del pasado de la democracia. Muchos antepasados de la democracia, a menudo silenciados, han sido escuchados. Suponiendo que la democracia solo pueda propagarse comprendiéndose a sí misma retrospectivamente, estas páginas se han empeñado en llevar más democracia a la historia de la democracia.

Pero la tarea de discutir las fortunas cambiantes de la democracia actual… es tremenda. La historia que tenemos bajo nuestros ojos siempre es la más difícil de entender y evaluar. Todo resulta más complicado debido a las pequeñas disputas entre historiadores y pensadores políticos, que no se ponen de acuerdo a la hora de encontrar sentido a los cambios que han ocurrido según algunos y que no han tenido lugar según otros. Para unos, nuestra generación es un ejemplo glorioso del triunfo de la democracia «liberal». Para otros, el viejo espíritu de la democracia asamblearia (el pueblo decidiendo en reuniones cara a cara) está regresando a lo grande y tomándose su venganza contra las falsas promesas de la democracia electoral. Otros dicen que los aspectos más imaginativos de una democracia han sido ignominiosamente despreciados por las fuerzas depredadoras del poder estatal, el populismo y el capitalismo, y que la democracia, enfrentados ahora a una catástrofe global para nuestra especie, está sufriendo una irrelevancia creciente o un declive terminal.[1] Hay que considerar todas esas interpretaciones, desde luego, pero no resultan nada convincentes. Una cosa se puede decir con total seguridad cuando analizamos la multitud de hechos que han ocurrido desde 1945: con todo en contra, en circunstancias terribles, desafiando el colapso económico, la dictadura, el totalitarismo y la guerra total, los ideales e instituciones de la democracia se han reencarnado. Han florecido sus cualidades «salvajes», impulsadas por lo que dio en llamarse «poder del pueblo», la resistencia intrépida y la decisión de los ciudadanos de poner coto a gobiernos corruptos, autoritarios y violentos que habían sobrepasado sus límites, abusado de su autoridad, fracasado a la hora de cumplir sus promesas y producido grandes males al mundo.

Este rejuvenecimiento y metamorfosis demostraron una vez más que ni las instituciones democráticas ni las formas de vida son inamovibles, y que las democracias se pueden democratizar inventando nuevos métodos de autogobierno popular en contextos no tocados previamente por su espíritu. Después de 1945, el mundo presenció el nacimiento de una nueva especie: la democracia monitorizada. La transformación fue asombrosa y mundial. Por primera vez en la historia, el lenguaje vivo de la democracia se volvió familiar a la mayoría de la gente, aunque a menudo tuviera acento americano. La consecuencia fue que la democracia monitorizada se puso a prueba en las cuatro esquinas del mundo.

El advenimiento de la democracia en la punta más meridional de África fue un caso ilustrativo. A mediados de febrero de 1990, millones de personas en todo el mundo, pegadas a sus televisores, vieron a Nelson Mandela (1918-2013) salir libre de prisión después de veintisiete años de cárcel. En Ciudad del Cabo lo recibió bajo un sol de justicia una multitud que se estimaba en 250.000 personas, que intentaban desesperadamente ver a su líder. Los ciudadanos se pusieron a cantar, apretaron los puños, bailaron, agitaron banderas. En un momento dado, cuando las llamadas por megáfono a que dejaran pasar resultaron inaudibles, montones de personas se pusieron por turno de pie o sentados en el capó del coche de Mandela. Tan grande fue el embotellamiento que los agentes tardaron más de dos horas en llevarlo al estrado del ayuntamiento. Allí se quedó de pie tranquilo durante varios minutos, moviendo ligeramente la cabeza hacia los reunidos, y luego levantó las manos pidiendo silencio. Puntuado por rugidos de la multitud, su discurso, que duró veinte minutos y anunciaba el fin del *apartheid*, está sin duda entre los más importantes de la posguerra. «He luchado contra el dominio de los blancos y he luchado contra la dominación negra», dijo, con voz fuerte y clara. «He atesorado el ideal de una sociedad democrática y libre en la cual todas las personas vivan juntas en armonía y con igualdad de oportunidades. Es un ideal para el que espero vivir y que espero conseguir. Pero si es necesario, es un ideal por el cual estoy dispuesto a morir».[2]

Nelson Mandela con la que entonces era su mujer, Winnie, a su llegada al ayuntamiento de Ciudad del Cabo desde la prisión Victor Verster, donde le esperaban multitud de partidarios deseosos de oírle pronunciar las primeras palabras tras su liberación.

En casi todas partes, parecía que los poderosos habían perdido la partida (y los papeles) y se veían empujados a un lado, en situaciones de enorme dramatismo que acababan siendo grandiosos acontecimientos mediáticos. En marzo de 1946, el escritor francés Albert Camus (1913-1960) dijo ante el público en Nueva York que el mundo había estado «gobernado por la voluntad de poder», desgarrado por las divisiones entre amos y esclavos y por la «monstruosa hipocresía» de tratar el sufrimiento humano como si ya no fuera escandaloso. Las cosas tenían que cambiar. La tarea política, a partir de entonces, era «luchar contra la injusticia, contra la esclavitud y el terror», y crear un mundo en el cual la gente entendiera que nadie tiene «derecho a decidir que su propia verdad es tan buena que puede imponerse a los demás». El poder retórico del discurso del primer ministro indio Jawaharlal Nehru, «Nuestra cita con el destino», justo antes del nacimiento de la República de la India, fue más tarde igualado por el conmovedor discurso *«Ich bin ein Berliner»* del presidente de Estados Unidos John F. Kennedy, emitido por radio a millones de personas en todo el mundo, durante la última semana de junio de 1963. Perdonado por los locales por compararse a sí mismo en mal alemán con un bollito relleno de mermelada, Kennedy habló de la indivisibilidad de la libertad, y declaró que los demócratas del mundo estaban cualificados para ser ciudadanos de Berlín. «La libertad tiene muchas dificultades y la democracia no es perfecta, pero nunca hemos tenido que levantar un muro para mantener dentro a nuestra gente, para evitar que nos abandonen» dijo, entre aplausos estruendosos.[3]

En la larga estela de la democracia que se extendió por muchos lugares del mundo después de 1945, las plataformas mediáticas dirigieron sus micrófonos y cámaras a figuras menos conocidas; algunos de esos demócratas desconocidos se convirtieron en celebridades mundiales. Un joven que llevaba una bolsa de la compra detuvo a una columna de tanques del ejército chino un día después de la masacre en la plaza de Tiananmén. Una mujer, Aung San Suu Kyi (su nombre en birmano significa «brillante colección de extrañas victorias») derrotó a un pelotón de fusilamiento cuando las tropas a las que se les había ordenado acabar con su vida de repente perdieron las ganas de apretar el gatillo.

Pero no siempre hubo milagros. Las primeras décadas después de 1945 fueron testigos de muchos reveses para la democracia. Ese fue el caso de las «petrodictaduras» ricas en petróleo de Oriente Medio, las antiguas colonias del África subsahariana y también incluso en Brasil, donde una junta militar respaldada por Estados Unidos gobernó con puño de acero durante varias décadas, y en la República de China, donde los resultados de las elecciones legislativas de enero de 1948 quedaron destruidos en cuestión de meses por unos desórdenes muy extendidos y la violencia de una toma del poder revolucionaria dirigida por las fuerzas comunistas de Mao Tse-Tung (1893-1976). Los expertos señalaron que una tercera parte de las treinta y dos democracias multipartido en funcionamiento en 1958 habían caído a mediados de la década de 1970 en alguna forma de dictadura; en 1962, trece de los gobiernos del mundo eran producto de un golpe de Estado; a mediados de los 70, el número de dictaduras militares casi se había triplicado hasta llegar a treinta y ocho.[4]

Llevando cintas rojas y haciendo el saludo de la victoria con tres dedos levantados contra la esclavitud militar, unas profesoras de la Universidad Educativa de Yangon se unieron a la campaña de desobediencia civil en Myanmar a principios de febrero de 2021. Tras el golpe de Estado de aquel mes, más de 10.000 profesores fueron suspendidos y más de 700 alumnos de universidades e institutos arrestados, y muchos de ellos torturados.

Los golpes militares eran frecuentemente muy dañinos, como en Atenas a mediados de noviembre de 1973, cuando en nombre de la *dēmokratia* varios miles de estudiantes se atrincheraron en sus campus y usaron su emisora de radio pirata para emitir un llamamiento al derrocamiento del gobierno militar del coronel Papadópoulos (1919-1999). El dictador replicó despachando un tanque para que destrozara las puertas del campus; varias docenas de estudiantes y seguidores fueron tiroteados, algunos de ellos por francotiradores militares. En la Universidad del estado de Kent, el 4 de mayo de 1970, unos Guardias Nacionales con la cara cubierta y fuertemente armados se enfrentaron a unos estudiantes que protestaban contra el bombardeo americano de Indochina. Los guardias dispararon y mataron a cuatro de los estudiantes, hirieron a nueve y obligaron al resto a esconderse entre gases lacrimógenos y charcos de sangre y vómito. Aquella masacre fue la primera ocasión en la cual unos estudiantes resultaban muertos en una manifestación contra la guerra en toda la historia de Estados Unidos. En la antigua colonia francesa de Argelia ocurrió algo mucho peor. A finales de 1991, después de levantar las prohibiciones de los partidos políticos, el partido de oposición islámico Front Islamique du Salut (FIS) consiguió la mayoría parlamentaria. El resultado fue anulado rápidamente por una intervención militar. Se declaró el estado de emergencia. El FIS y sus consejos de administración local y regional fueron desmantelados. El país quedó sumido en una guerra incivil y asesina que duró una década.

No por primera vez en la historia de la democracia –pensemos en Tailandia después del golpe militar de 2014, o en la revolución de los colonos americanos contra los casacas rojas del Imperio británico–, una fuerza armada engendraba la resistencia de los ciudadanos, y algunas sorpresas espectaculares. Estaba Costa Rica, por ejemplo, que abolió su ejército en 1948, y la humillación política del gobierno militar del Kuomintang (KMT) por los levantamientos ciudadanos en Taiwán.[5] La buena disposición de algunos militares a retirarse del asunto enmarañado del gobierno de un país se veía reforzada por la no violencia de sus oponentes a nivel de calle. Ante las catástrofes del siglo XX, los demócratas de todas partes ansiaban un mundo sin alambres de espinos ni picanas, tanques o gases lacrimógenos, y vivir tranquilos sin temor al estrépito de las botas en las calles. «Como norma», decía el demócrata polaco Adam Michnik, «las dictaduras garantizan la seguridad en las calles y el terror en tu puerta. En democracia, las calles pueden ser poco seguras después de anochecer, pero si tienes un visitante a primera hora de la mañana lo más probable es que sea el lechero».[6] Algo parecido puede decirse también de Portugal, donde a principios de 1974 unos jóvenes oficiales del Movimiento das Forças Armadas derribaron la dictadura de Marcello Caetano (1906-1980). Ocuparon edificios claves de ministerios, oficinas de correos y telecomunicaciones y emisoras de radio, junto con los aeropuertos del país. Enormes multitudes se reunieron en las calles de Lisboa para animar a los soldados que estaban de guardia. Introdujeron claveles recién cortados en los cañones de sus fusiles. Caetano se rindió al cabo de unas horas. Tras la muerte del general Franco, dictador fascista, en noviembre de 1975, el gobierno militar de la vecina España sufrió el mismo destino.

El 25 de abril de 1974 las tropas portuguesas amotinadas de los cuarteles de Santarém sacaron sus tanques y otros vehículos acorazados hacia el centro de Lisboa y ocuparon el Terreiro do Paço, donde los ciudadanos les ofrecieron claveles rosas, rojos y blancos. Eso marcó el principio de una revolución política en favor de lo que los oficiales jóvenes llamaron «democratización, descolonización y desarrollo» (*democratizar, descolonizar e desenvolver*).

El disgusto público por la violencia militar fue saliendo a la superficie regularmente durante las décadas siguientes. En Filipinas, las juntas electorales ayudaron a desencadenar la caída del gobierno militar dirigido por el general Ferdinand Marcos (1917-1989) negándose, en mitad de la noche, a llevar a cabo un recuento amañado de las papeletas electorales. En Latinoamérica, Brasil se libró de la dictadura más violenta y criminal de su historia. La *abertura* política restableció la libertad de prensa junto con el *habeas corpus*, amnistía para los presos políticos, libertad de formar partidos políticos y elecciones directas para los gobernadores estatales. Fiel a su reputación de laboratorio democrático de Latinoamérica, Uruguay ya había marcado el ritmo cuando una mayoría decisiva de ciudadanos (un 57 %) se opuso a su propio gobierno militar en un plebiscito, en noviembre de 1980, que pretendía aprobar una nueva Constitución favorable al poder ejecutivo gobernante. Como todavía había ley marcial, los vencedores no pudieron salir a la calle para celebrarlo, de modo que se vistieron de amarillo, el color de la oposición democrática, y siguieron el consejo del propietario de la emisora de radio de Montevideo, Germán Araújo, de extender una «revolución de las sonrisas», una curvatura de los labios para demostrar su magnífico triunfo a amigos, colegas y extraños en las calles.

Una revolución de terciopelo

Una sensación de enorme alegría acompañó la mayor victoria mundial del espíritu y las instituciones democráticas después de 1945: los levantamientos ciudadanos que sacudieron Estonia, Polonia, Alemania del este y otros países centroeuropeos y europeos del este, y ayudaron a propiciar la caída del imperio soviético durante el verano y otoño de 1989.

En Checoslovaquia se dieron unos hechos asombrosos que se conocieron como Revolución de Terciopelo.[7] El nombre se inspiró en una de las bandas de rock neoyorquinas más modernas de la década de 1960, la Velvet Underground; algo irónico, considerando que el primer día de la revolución quedó manchado por una violencia espantosa.

La noche del 17 de noviembre de 1989, una multitud de 15.000 estudiantes estaban reunidos pacíficamente ante el Instituto de Patología en Praga para conmemorar la muerte de un estudiante víctima de la ocupación nazi cincuenta años antes. La conmemoración tenía todas las bendiciones del Partido Comunista en el poder; la lista de conferenciantes la había preparado su Unión de Juventudes Comunistas. Los celebrantes tenían que marchar desde la tumba de Slavín en el distrito de Vyšehrad de Praga, donde estaba enterrado el poeta del siglo xix Karel Hynek Mácha (1810-1836). Se acordó con las autoridades que se encenderían velas, se pondrían guirnaldas, se depositarían flores y se tocaría el himno nacional, después de lo cual la manifestación se dispersaría.

Pero no fue así. Miles de estudiantes, envalentonados, se dirigieron espontáneamente hacia la plaza Wenceslao cantando el himno nacional. Una carga rápida de policías de rostro sombrío, empuñando porras, irrumpió entre las filas de los mejores cerebros del país. Ahí empezaron los gritos y cánticos. El sonido de las botas quedó temporalmente ahogado por gritos de «¡Vamos desarmados!» y «¡No a la violencia!». Los manifestantes consiguieron zafarse de la policía y marcharon desafiantes hacia la plaza. Muchísimos viandantes curiosos se les unieron en silencio, como monjes que se apresuran para ir a orar. También los clientes de los cafés se acabaron las bebidas y se unieron a la multitud.

Durante la noche que encendió la chispa de la Revolución de Terciopelo, los manifestantes de Praga respondieron a la violencia policial en la plaza Wenceslao haciendo una sentada pacífica, encendiendo velas, coreando lemas y pidiendo el fin del gobierno comunista.

Cuando la manifestación llegó al Teatro Nacional, los actores y personal del teatro también se unieron a ellos. Eso armó de valor a los jóvenes manifestantes. Entonaron con un aire desafiante: «Únete a nosotros [...] la nación se ayuda a sí misma». Pronto los números crecieron hasta alcanzar los 50.000; después de todos aquellos años de aislamiento, de vigilancia y de división ideológica, era como si la gente no pudiera prescindir de la compañía de los demás.

En torno a las ocho de la tarde, al entrar en la avenida Národni Třída, una fuerza policial antidisturbios con cascos blancos recibió a los manifestantes decidida a impedir que alcanzasen la plaza. Temiendo una repetición de la masacre al estilo Tiananmén, la multitud se dio cuenta de que estaba a merced de la policía. «¡Vamos desarmados!», gritaban, pero la policía, habiendo sellado todas las rutas de huida posibles, atacó a los estudiantes y arrestó a centenares de ellos.

Pero llegó un momento en que todo cambió. «¡No violencia!», repetían algunos. Otros provocaban a sus captores gritando: «¡Libertad!». Otros agitaban llaves. Unas cuantas mujeres entregaron flores a los policías. Se encendieron cientos de velas. «¡Vamos desarmados! ¡No violencia! ¡Libertad! ¡Libertad!», entonaban como creyentes en el poder de las velas, con la luz amarilla parpadeando en sus rostros.

Pronto se saldrían con la suya. Al comunismo se le había acabado el tiempo.

¿La democracia liberal triunfante?

El dramático hundimiento del imperio soviético bajo la presión del «poder del pueblo» agitó la imaginación de los intelectuales, especialmente en Estados Unidos, donde la interpretación absurda de «el mundo se está volviendo como nosotros» se convirtió en seguida en la opinión ortodoxa. Un *think tank* llamado Freedom House calculó en un informe que en 1900, cuando todavía predominaban monarquías e imperios, no había democracias electorales con sufragio universal ni elecciones competitivas multipartidos. Había unas cuantas «democracias restringidas», veinticinco en total, que representaban solo un 12,4 % de la población del mundo. Hacia 1950, con el principio de la descolonización y la reconstrucción de Japón y Europa en la posguerra, se llegó a veintidós democracias, que abarcaban el 31 % de la población mundial, y veintiuna democracias restringidas más, cubriendo un 11,9 % de la población mundial. A finales de siglo, observaba el informe, la democracia había llegado a las costas de

Latinoamérica, la Europa poscomunista y partes de África y Asia. Al menos sobre el papel, 119 de 192 países se podían describir como «democracias electorales», el 58,2 % de la población mundial. Ochenta y cinco de ellas, un 38 % de los habitantes del mundo, disfrutaban de formas de democracia «respetuosas con los derechos humanos básicos y el gobierno de la ley». De modo que el informe establecía que el ideal de la «democracia liberal» estaba ahora al alcance prácticamente del mundo entero. «En un sentido muy real», afirmaba la optimista conclusión, «el siglo xx se ha convertido en el "Siglo Democrático"», definido por «la extensión del sufragio universal democrático a todas las partes del mundo y a todas las civilizaciones y religiones importantes».[8]

Una historia similar la explicaba el hombre del «fin de la historia», Francis Fukuyama (1952-), que decía que el colapso del comunismo demostraba que «el conflicto de clases realmente se ha solucionado de manera efectiva en occidente», y que los ideales de la democracia liberal representativa –unas elecciones libres y justas respaldadas por el respeto a los derechos civiles y garantías de la propiedad privada y el libre mercado– finalmente habían aplastado a sus competidores. Quizá, especulaba Fukuyama, el mundo se encontrase ya «en el punto final de la evolución ideológica de la humanidad», con «una democracia liberal occidental [...] como forma final del gobierno humano».[9]

Era una afirmación muy importante, pero muy sesgada. Su presunción de que la democracia liberal al estilo americano era la regla de oro no constituía ninguna sorpresa. Quizá se podía esperar de un imperio mundial cuyos intelectuales contemplaban el mundo de manera narcisista, a través de la lente estrecha de su propia imagen, nunca cuestionada. Pero esa certeza estaba equivocada, obviamente porque desde la posguerra se había podido obervar cómo se inventaban y difundían muchas costumbres democráticas inusuales que desafiaban las normas de la democracia liberal de Estados Unidos. A medida que el mundo iba siendo moldeado por la democracia, podríamos decir que la democracia se fue volviendo mundana, más cosmopolita y menos dogmáticamente liberal.

Consideremos el caso interesante, pero para nada atípico, de Senegal, el país de África occidental donde la importación de las elecciones de Europa demostró que la democracia podía combinarse con la *négritude* (una conciencia positiva de la negritud panafricana) y fundirse con una sociedad musulmana predominantemente agraria para producir unas costumbres inusuales que no se podían describir como «democracia liberal».[10] Se trataba de un pueblo introducido en las costumbres islámicas desde el otro lado del Sáhara por los mercaderes bereberes a mediados del siglo xv; un territorio donde la política electoral en una forma limitada se remontaba a 1848, cuando (inusualmente) las autoridades coloniales francesas concedieron el voto a los hombres adultos de los principales asentamientos urbanos; un país cuyas élites, de habla francesa, pensaban en la *démocratie* como sinónimo de igualdad ante la ley, libertad de asociación, prensa libre y la celebración de elecciones justas y abiertas. Bajo el colonialismo, los votantes solo eran una diminuta porción de la población, pero la cultura del voto gradualmente se fue extendiendo, culminando en la victoria del sufragio tanto masculino como femenino en 1956. Después de la independencia en 1960, el gobierno de Léopold Sédar Senghor (1906-2001) hizo lo que pudo para convertir el país en un sistema de un solo partido. Los intentos de prohibir los partidos de la oposición y amañar las elecciones fracasaron, en parte debido al fuerte apoyo de la *demokaraasi* entre la mayoría musulmana de habla wolof de Senegal.

En un cambio notable de coordenadas culturales, algunos líderes de partido y periodistas, así como muchos ciudadanos, habían aprendido a identificar los partidos políticos y las elecciones con el lugar sagrado de culto, la mezquita. Las elecciones se veían como la forma de derrocar un gobierno por las papeletas, y no por las balas. Había momentos en que los partidos y sus líderes parecían muecines, cuya función era subir al minarete para llamar a los fieles (votantes) a la oración. En el islam senegalés los laicos podían convertirse en muecines, de modo que cualquiera podía formar y dirigir un partido. Igual que en la mezquita, la *demokaraasi* deriva del principio de rotación de los muecines bajo la supervisión del imán, quien permanece en pie ante la asamblea de los fieles para dirigirlos en la plegaria. Aquellos que dirigen el gobierno se parecen al imán (la raíz árabe de *imām* significa «enfrente de»). Apoyados por la comunidad y supervisados desde cierta distancia por los que ostentan realmente el poder, las hermandades religiosas, de los líderes se espera que guíen a los demás en la vida diaria con la ayuda de los partidos, sobre la base de que se les ha puesto en el cargo (han sido elegidos) por el conjunto de la comunidad.

Las plegarias del viernes pueden desbordar las calles de Dakar, Senegal, un país cuyos ciudadanos, divididos en diez grupos étnicos distintos, se confiesan sobre todo musulmanes.

En la práctica, la analogía entre la mezquita y la democracia resultó difícil. Produjo disputas públicas entre los ciudadanos senegaleses sobre cómo se elegían imanes y políticos, si los imanes tenían derecho a veto contra los gobiernos electos, y si unos gobiernos limitados en el tiempo y sujetos a las presiones de los *lobbies* podían ocuparse bien de las realidades de la pobreza, la discriminación contra las mujeres y las personas con discapacidad, la explotación de los recursos naturales por parte de las empresas y la evasión fiscal. Aun así, no se puede negar que para muchos senegaleses la «democracia de mezquita» (como se podría llamar a esta mutación) tenía sentido. Porque respondía a su forma de pensar en la *demokaraasi* como algo más que un simple método mundano para seleccionar un gobierno basándose en el consentimiento de la comunidad. Envuelta en un lenguaje sacro, era en realidad una forma de vida, un conjunto de creencias e instituciones que ligaban entre sí a las personas en presencia de lo divino. La *demokaraasi* significaba compartir recursos, el reconocimiento mutuo, llegar a un consenso de gobierno y la solidaridad comunitaria. La *demokaraasi* en ese sentido no conocía distinciones entre lo sagrado y lo profano. Por el contrario, parecía una comunidad de creyentes vinculados entre sí por su propósito de armonizar sus diferencias a través de gobiernos multipartido y un buen liderazgo, bajo el ojo vigilante de un Dios riguroso.

El auge de la democracia monitorizada

Los acontecimientos en Senegal, Sudáfrica, Brasil y otros lugares indicaban que en las décadas posteriores a 1945 la democracia ya no era un asunto de blancos y occidentales, como había sido, digamos, cuando lord James Bryce escribió su clásico *Democracias modernas* en 1921, o cuando un historiador de la democracia con base en Natal hablaba de los gobiernos parlamentarios basados en elecciones como «resultado, sobre todo, del carácter y el desarrollo histórico de los ingleses», no apto para «Estados donde la población no muestra los mismos talentos, o los mismos intereses, en el manejo de los asuntos públicos».[11]

Hablando en general, las muchas especies distintas de democracias que se extendieron por todos los continentes pertenecían al *genus* llamado democracia, no solo en nombre sino también en espíritu. Los líderes políticos y ciudadanos que pensaban en sí mismos como demócratas todavía tenían respeto al gobierno legal y no violento basado en el consentimiento del «pueblo». Sospechaban del poder concentrado que no rinde cuentas de sus actos, y estaban comprometidos con el principio de que todos los ciudadanos son iguales. Sin embargo, resultaba notable la indigenización de la democracia en entornos radicalmente distintos a las antiguas democracias electorales de Europa Occidental, América hispana y Estados Unidos.

La India, que pronto se conocería como la democracia «más grande del mundo», no era en realidad una democracia liberal, si eso significa un gobierno representativo al estilo americano basado en una clase media amplia, una economía de libre mercado y el espíritu posesivo del individualismo.[12] El encuentro de la India con la democracia fundamentalmente ponía en cuestión el supuesto de que el crecimiento económico es el núcleo imprescindible de toda democracia, que las elecciones libres y justas son un buen sistema solo cuando una mayoría de ciudadanos posee o disfruta de artículos como coches, refrigerado-

res y radios. Lastradas por una indigencia de proporciones desgarrado-
ras, millones de personas pobres e iletradas rechazaban el prejuicio de
que un país debe ser rico primero para poder ser democrático después.
Decidieron, por el contrario, que podían volverse más fuertes desde
el punto de vista material precisamente «a través» de la democracia.
Y no solo eso: el camino indio a la democracia desafió las predicciones
imprecisas de los expertos que afirmaban que era necesario un secula-
rismo al estilo francés, es decir, la retirada obligatoria de los mitos religiosos a la esfera privada, antes de que pudiera darse una democracia
fuerte. El sistema de gobierno indio contiene todos los credos importantes conocidos por la humanidad y es sede de cientos de lenguajes.
La complejidad social a esta escala condujo a los demócratas indios a
una nueva justificación de la democracia. Ya no era un medio de proteger a una sociedad homogénea de individuos iguales, sino que llegaría
a ser contemplada como la forma más justa de permitir a personas de
diferentes entornos e identidades de grupo divergentes vivir juntas ar-
moniosamente, como iguales, sin guerra civil.

Durante las elecciones generales de 1952 en la India, las primeras cele-
bradas después de la independencia, los conservadores afirmaban que la
implicación de las mujeres en la política amenazaba las antiguas jerarquías
de casta y de género. Y tenían razón: estimuladas por el igualitarismo de la
democracia, el número de mujeres votantes en las elecciones y sus contribuciones a la vida pública desde entonces han ido en aumento, a menudo
superando la participación de los hombres, como en las elecciones de 2015
en Bihar, el Estado más pobre de todo el país.

La India demostró que el espíritu y la sustancia de la democracia estaban vivos en el mundo en los sentimientos, lenguas e instituciones locales, y en formas de poder cambiantes y disputadas. Después de 1945, la democracia se fue haciendo más firme cada vez. Pero desde entonces ha venido ocurriendo algo de importancia histórica, una transformación menos obvia: el crecimiento de la democracia monitorizada, una nueva forma de autogobierno claramente distinta tanto de las democracias asamblearias como de las democracias electorales del pasado.

¿Y qué es la democracia monitorizada? En su forma inglesa, el adjetivo *monitory* empezó a usarse por primera vez a mediados del siglo xv (del latín *monere*, advertir, avisar) referido a emitir una advertencia de un peligro inminente, o solicitar que se compruebe el contenido o la calidad de algo, o evitar una acción insensata u ofensiva. ¿Por qué usar ahora su derivada, «monitorizada»? Es una forma de democracia definida por el crecimiento rápido de muchos tipos nuevos de mecanismos extraparlamentarios de escrutinio del poder: instituciones «perro guía», «perro guardián» y «perro ladrador». La democracia monitorizada incluye prácticas como la presencia de observadores en las elecciones, la codeterminación del puesto de trabajo y unos presupuestos participativos. También incluye una gran variedad de instituciones públicas y privadas que sirven de control y rendición de cuentas en ámbitos diversos. Estos mecanismos son recientes en la historia de la democracia. Han surgido en distintos contextos, y no son simplemente invenciones «occidentales».

El derecho de los trabajadores a elegir representantes para los consejos de administración de sus empresas en los planes de codeterminación de los puestos de trabajo (*Mitbestimmung*) ocurrió por primera vez en la Alemania desgarrada por la guerra de la década de 1940. El presupuesto participativo, en el cual los ciudadanos deciden cómo gastar parte de un presupuesto público, es una invención brasileña. Las comisiones de las generaciones futuras con poder legal para defender los derechos de los no nacidos surgieron en Gales. Los «doctores de puentes», o equipos voluntarios de estudiantes de ingeniería de la universidad que comprueban la seguridad de los puentes de la ciudad, son una especialidad de Corea del Sur. Sudáfrica hizo famosos los foros de la verdad y la reconciliación. Las redes de monitorización de los arrecifes son un producto de la cooperación global.

Estos instrumentos de control han enraizado en todas partes a nivel tanto de las administraciones como de la sociedad civil, o en acuerdos público-privados. El resultado es que toda la arquitectura del gobierno representativo está cambiando. El control de las elecciones, los partidos políticos y los parlamentos a la hora de dar forma a las vidas de los ciudadanos y representar sus intereses se está debilitando. Si la democracia electoral descansaba en el principio de «una persona, un voto, un representante», la ética que guía a la democracia monitorizada es «una persona, muchos intereses, muchas voces, múltiples votos, múltiples representantes». Bajo estas nuevas condiciones, la democracia significa mucho más que unas elecciones. Tanto dentro como fuera del Estado, organizaciones poderosas e independientes de tipo «perro guardián» han empezado a dar nueva forma al paisaje del poder. Al mantener a las empresas, los gobiernos electos, los partidos y los políticos permanentemente alerta, los nuevos vigilantes cuestionan los abusos de poder, obligan a gobiernos y empresas a modificar sus agendas, y a veces los acallan exponiéndolos al escarnio público.

La democracia monitorizada es la forma más compleja y vibrante de democracia que conocemos. En el nombre del «pueblo» o de la «gente», la «responsabilidad pública» o «los ciudadanos» (unos términos que normalmente se usan de forma intercambiable), están surgiendo instituciones que desafían y atemperan el poder por todas partes. Los escándalos de corrupción y las protestas públicas contra los trapicheos se están convirtiendo en la nueva normalidad. Eso no significa que las elecciones, los partidos políticos, las legislaturas y las asambleas públicas estén desapareciendo o declinando en importancia, pero sí que están perdiendo definitivamente su posición privilegiada como protagonistas y conductores de las políticas públicas. La democracia ya no es simplemente una forma de manejar y amaestrar el poder de los gobiernos electos, y tampoco se confina a los Estados territoriales. Ya pasó el tiempo de las democracias que se podían describir, e inmediatamente atacar, como un abuso de las estadísticas, como «gobierno de la voluntad no restringida de la mayoría», o en las palabras muy citadas del economista nacido en Moravia, Joseph Schumpeter (1883-1950), un «acuerdo institucional para llegar a decisiones políticas, en el cual unos individuos adquieren el poder de decidir mediante una lucha competitiva por el voto de la gente».[13]

La época de la democracia representativa queda atrás. Ya estemos hablando de gobiernos locales, nacionales o supranacionales, o del mundo de las organizaciones y redes no gubernamentales, aquellos que actualmente ostentan el poder están sujetos de manera rutinaria a la monitorización y a la presión públicas a partir de una gran variedad de organismos extraparlamentarios.

El advenimiento de la democracia monitorizada pone en cuestión la antigua reducción de la democracia a las elecciones. También plantea problemas para la idea común de que la democracia es esencialmente un medio de controlar los gobiernos y domesticar el poder estatal. Lo notable es cómo el espíritu y los mecanismos escrutinizadores del poder de la democracia monitorizada se extienden «hacia abajo», a zonas de la vida social anteriormente no tocadas nunca por los demócratas. Lo habitual era que las democracias asamblearias contemplaran la dinámica del poder dentro de los hogares, y el trato a mujeres y esclavos, como asuntos privados. Hemos visto que en la época de la democracia representativa se inició una resistencia a la esclavitud y a la exclusión de las elecciones de mujeres, trabajadores y colonizados. Los gobiernos electos intervenían en áreas como la atención sanitaria y la educación. Algo que diferencia a la democracia monitorizada es que permite, como nunca antes, un escrutinio público organizado y una oposición al poder arbitrario en el conjunto de la vida social. Asuntos como el acoso en el trabajo, el acoso sexual, la discriminación racial y de género, el abuso de los animales, las ayudas sociales, la defensa de los discapacitados y la protección de la privacidad se han convertido en temas centrales de las políticas democráticas.

Con frecuencia, los partidos, parlamentos y gobiernos electos solo se ocupan de estas cuestiones cuando la presión social es potente. Por tanto, los organismos y agrupaciones monitorizadoras se convierten en los verdaderos conductores de estas políticas sociales. Ayudan a profundizar en la democracia. Su espíritu de igualdad y de apertura se extiende por la vida social y atraviesa las fronteras de los Estados. Por primera vez en la historia de la democracia, «sociedad civil» es una expresión que usan habitualmente los demócratas en todos los lugares de nuestro planeta.[14] La democracia monitorizada surge en cualquier lugar donde se da un abuso de poder. El gobierno que pretende actuar impunemente, en áreas que van desde la vida familiar al empleo, es controlado ahora (si es que lo es) no solo por los representantes electos, sino también por una legión de nuevas instituciones que les recuerdan a millones de ciudadanos una verdad sencilla pero perenne: la democracia requiere unas transformaciones colosales de la vida diaria de las personas. Sus hábitos y sus rutinas deben volverse más alérgicos a los abusos de poder. Para oponerse a la corrupción y al abuso, la gente tiene que cultivar el espíritu de la democracia «desde dentro», así como propagarlo y mantenerlo vivo en los demás. Los ciudadanos deben confiar en que ellos mismos son la fuente de poder de las instituciones que gobiernan sus vidas; que los gobiernos y las demás instituciones de gobierno descansan en realidad en el consentimiento de los gobernados, y que cuando estos retiran su consentimiento a esas instituciones y exigen alternativas, las cosas deben cambiar a mejor, aunque sea solo poco a poco.

¿Por qué la democracia monitorizada?

¿Este tipo de democracia con responsabilidad es un hecho sostenible, históricamente irreversible? Todavía no lo sabemos.

Un escéptico podría pedir más pruebas de su novedad, empezando por su evolución. Como siempre en la historia de la democracia, el camino de la innovación ha sido tortuoso y las generalizaciones son problemáticas. La democracia monitorizada ha tenido tanto causas como causantes; no ha brotado a partir de una única célula. Es el producto de muchas fuerzas, incluyendo el desmembramiento de Estados, la desafección ciudadana y la pura y dura buena suerte. Más un factor vital que Tocqueville contempló hace mucho tiempo: lo que se podría llamar contagio democrático, es decir, la capacidad de la gente de darse cuenta de que una vez se remedian algunas de sus quejas, también se deben encarar otras más.[15]

Una explicación menos obvia, pero enormemente importante, del nacimiento de la democracia monitorizada es el papel de las catástrofes políticas. En la historia de la democracia, el derrumbamiento del sistema político, la violencia y el sufrimiento de la guerra a veces han producido algo más que oscuridad y desesperación. El origen de los parlamentos es un ejemplo: contra todo pronóstico, las crisis políticas han sido las comadronas de nuevas instituciones democráticas. Esa regla se cumplió en la primera mitad del siglo xx, el más asesino que se ha registrado de toda la historia de la humanidad. Una depresión económica más dos guerras mundiales puntuadas por terribles crueldades contra poblaciones enteras sacudieron las antiguas garantías de seguridad, desataron la violencia y la lucha por el poder, y desencadenaron unas energías populares feroces que alimentaron grandes levantamientos, incluidos los ataques a la democracia electoral en forma de bolchevismo y estalinismo en Rusia, fascismo en Italia, nazismo en Alemania e imperialismo militar en Japón. Estos regímenes atacaron la democracia electoral por su vacilación parlamentaria, perplejidad liberal, hipocresía burguesa y cobardía militar. En consecuencia, hacia la mitad del siglo xx la democracia estaba de rodillas, sin ánimos, paralizada, condenada. Hacia 1941, cuando el presidente Roosevelt hizo un llamamiento a «proteger la gran llama de la democracia del apagón de la barbarie», mientras un incalculable número de villanos habían extraído la conclusión contraria de que la dictadura y el totalitarismo eran el futuro, quedaban menos de una docena de democracias electorales.[16]

Entonces ocurrió algo extraordinario. La carnicería producida por la guerra, la dictadura y el totalitarismo impulsaron a pensadores y escritores de todo el espectro político a promover un cambio en la definición y justificación ética de la democracia. Ayudaron a provocar un momento que, utilizando un término prestado de la astronomía, podríamos llamar de «energía oscura»: desafiando la gravedad de los acontecimientos contemporáneos, el sentimiento de la democracia sufrió una expansión dramática. El escritor alemán Thomas Mann (1875-1955) dio voz a esa tendencia al observar la necesidad del «profundo e intenso recuerdo de sí misma de la democracia, la renovación de su propia identidad espiritual y moral». Otros expresaron asombro e incredulidad ante la forma en que las democracias electorales de las décadas de 1920 y 1930 habían facilitado el ascenso de los demagogos (el filósofo alemán Theodor Adorno los llamaba «voceadores con pretensiones»). Esos populistas tenían una gran habilidad a la hora de apelar al «pueblo» para que subiera al escenario de la historia, solo para amordazar, mutilar y asesinar en nombre del pueblo, destruyendo de ese modo la libertad y la igualdad política que siempre había asegurado defender la democracia electoral. Se afirmaba que las catástrofes recientes demostraban la ingenuidad de la fórmula según la cual la gente debía obedecer a sus gobiernos porque sus gobernantes protegían sus vidas y posesiones. Ese pacto había dejado de funcionar; peor aún, era políticamente peligroso. El problema ya no era el «gobierno de las masas», de la gente sucia e ignorante, que habían descrito los críticos de la democracia desde Platón y Tucídides hasta bien entrado el siglo xix. El totalitarismo demostró que el gobierno de las masas tenía sus verdaderas fuentes en líderes con aires de matón, hábiles en el arte de manipular y seducir al «pueblo». El gobierno de la fuerza bruta y de la astucia se había convertido en el problema político fundamental.

Y así, durante la década de 1940 se imaginó una nueva forma histórica de democracia.[17] Su espíritu distintivo y sus nuevas instituciones se vieron marcadas por el compromiso militante de expulsar los demonios de la arbitrariedad, es decir, de un poder al que públicamente no se puede hacer responsable de sus actos. El escritor irlandés C. S. Lewis (1898-1963) captó muy bien este hecho: «Gran parte del entusiasmo democrático desciende de las ideas de la gente […] que creía en una democracia porque pensaban que la humanidad era tan sabia y buena que todos merecían compartir el gobierno. El peligro de defender la democracia sobre esta base es que no es cierta». El «auténtico motivo de la democracia» es que «no se puede confiar en ningún hombre con poder ilimitado sobre sus semejantes».

El escritor chino Lin Yutang (1895-1976), cuyo *Mi país y mi gente* fue muy leído durante ese periodo, expresó la misma idea en términos sucintos. Los políticos no son «gobernantes benévolos» que «aman a la gente como a sus propios hijos»; sería mucho mejor tratarlos como «posibles ladrones» y «pensar formas de evitar que esos posibles reos roben a la gente y vendan el país». La democracia a partir de entonces tenía que suponer que todos eran «posibles bribones, más que personas honradas», y que como no se podía esperar que fueran siempre buenos, «había que encontrar maneras de hacerles imposible ser malos».[18]

De izquierda a derecha en el espectro político, un surtido mundial de escritores, teólogos, científicos y eruditos dieron voz a sus miedos de que el hecho de que la democracia parlamentaria hubiese escapado por poco de las garras de la crisis económica, la guerra, la dictadura y el totalitarismo fuera solo un aplazamiento temporal. Profundamente agobiados, buscaron nuevos remedios para la enfermedad de la democracia electoral, empezando por el abandono del optimismo sentimental sobre la «soberanía popular». Se daba un rechazo generalizado de la expresión fascista y pseudodemocrática de «la voluntad del pueblo». Joseph Schumpeter, que fue ministro de Hacienda de Austria y consiguió y luego perdió una fortuna como inversor antes de convertirse en profesor de Harvard, advertía de que «los grupos que quieren afilar el hacha» tienen la fea costumbre de «poner en escena y manejar espectáculos políticos» empeñados en manufacturar «la voluntad del pueblo». El filósofo católico francés y uno de los primeros defensores de los derechos humanos Jacques Maritain (1882-1973), insistía en que «el pueblo no es Dios, el pueblo no tiene razones y virtudes infalibles». Las charlas por radio en la BBC de J. B. Priestley (1894-1984) emitidas las tardes de los domingos en 1940 y luego de nuevo en 1941, que atrajeron enormes audiencias que rivalizaban con las de Churchill, repetían esa idea, preguntándose: «¿qué es el pueblo?» Su respuesta, pensando en Hitler:

> El pueblo son seres humanos reales. Si los pinchas, sangran. Tienen padres, madres, hermanas, hermanos, novias, mujeres e hijos. Oscilan entre el miedo y la esperanza. Tienen extraños sueños. Ansían la felicidad. Todos tienen nombre y cara. No son un pedazo de materia abstracta.[19]

Los rebeldes de la década de 1940 lo sabían bien. Su tristeza y alarma eran demasiado hondas para las lágrimas. Habían presenciado cómo la democracia electoral había sido un débil oponente y un cómplice de buen grado de la destrucción totalitaria. Eran rebeldes, estaban seguros de que había que resistirse a la codicia por el poder ilimitado y asesino conjurado por los nuevos totalitarios. Por eso razonaban que era necesaria una alteración radical del lenguaje de la democracia. Había que hablar de forma distinta de la democracia y practicarla de formas nuevas. En aquellos tiempos de desesperación, la poesía importaba: sin palabras nuevas, sin nuevos sentidos, no podía surgir ninguna democracia nueva. Esos rebeldes estaban seguros de que el fetiche de las elecciones y el gobierno de la mayoría era una locura peligrosa. Su arraigo en la imaginación democrática debía cesar. La democracia era demasiado preciosa para dejarla en manos de políticos y gobiernos; la antigua creencia de que las elecciones eran su corazón y su alma era un grave error. Lo que se necesitaba con desesperación era un nuevo compromiso con la democracia entendida como la protección de los ciudadanos de la violencia y la intimidación, la celebración de la diversidad y la reducción de la desigualdad social usando otros métodos, además de unas elecciones libres y justas.

Los rebeldes no exponían las cosas de esta manera, pero en efecto, hicieron un llamamiento a una nueva democratización del principio de la democracia electoral del «pueblo soberano». Ya hemos visto que esta reimaginación de la democracia electoral consiguió debelar el principio metafísico del «pueblo». La idea de la democracia electoral subrayaba la importancia del liderazgo político. También despejaba el camino para el reconocimiento, ausente en la idea antigua ateniense, de que cualquier democracia debía proporcionar espacio para diferencias legítimas de opinión y para las diferencias económicas. Sin embargo, los rebeldes llevaron las cosas más allá. La tarea era tanto teórica como práctica: garantizar que la democracia podía ser un arma contra toda forma de abuso de poder, incluyendo las maldades perpetradas por las elecciones llevadas a cabo en nombre de un ficticio «pueblo soberano».

En eso estaban de acuerdo. Pero las opiniones a partir de ahí se dividían, por ejemplo, sobre los méritos y peligros de la propiedad privada y la competencia del libre mercado contra el poder estatal concentrado. El redactor de la Constitución india, B. R. Ambedkar (1891-1956), estaba entre aquellos que advertían de que el capitalismo desenfrenado atormentaría a la democracia con una «vida de contradicciones» generada por el conflicto entre la lucha por el buen gobierno basado en la igualdad política y una sociedad arruinada por enormes desigualdades sociales y materiales. Muchos comentaristas recomendaron la construcción de unas instituciones para promover el estado del bienestar y defender el derecho a una educación decente y a una atención sanitaria universales. Otros fueron más allá defendiendo el derecho de los trabajadores a tener representantes en los consejos de administración de sus empresas: la extensión del principio de la representación electa en el corazón del mundo de los negocios, como más tarde ocurrió en Alemania, Dinamarca, Francia, Suecia y otros países.

Desacuerdos aparte, la mayoría de los rebeldes apoyaban una forma de democracia cuyo espíritu e instituciones estuvieran imbuidos de un robusto compromiso de enfrentarse a los demonios del poder sin responsabilidad. El teólogo americano Reinhold Niebuhr (1892-1971), que más tarde consiguió admiradores destacados como Martin Luther King Jr. (1929-1968), expresó uno de los argumentos de más peso para renovar y transformar la democracia a lo largo de esas líneas. «Los peligros del poder descontrolado son recordatorios perennes de las virtudes de una sociedad democrática», escribió en *Los hijos de la luz y los hijos de la oscuridad* (1945). «Pero la democracia moderna requiere una base filosófica y religiosa más realista, no solo para poder anticipar y comprender los peligros a los que está expuesta, sino también para darle una justificación mucho más persuasiva». Concluía con palabras que se hicieron famosas: «La capacidad del hombre para la justicia hace posible la democracia, pero la inclinación del hombre hacia la injusticia hace necesaria la democracia».[20] La observación implicaba una nueva comprensión de la democracia como el escrutinio público continuado, el control del poder según estándares más «profundos» y más universales que los antiguos principios reinantes de las elecciones periódicas, el gobierno de la mayoría y la soberanía popular.

Capturando el nuevo espíritu, la pensadora política Hannah Arendt (1906-1975) apeló a la confrontación activa con los demonios del poder arbitrario. «El problema del mal», escribió en 1945, «será la cuestión fundamental de la vida intelectual de la posguerra en Europa». De hecho, los dolores y sufrimientos causados por el poder sin control fueron realmente un problema mundial. En un posicionamiento que fue quizá el más atrevido de todo el periodo, algunos pensadores propusieron eliminar la presunción imperante de que el hogar «natural» de la democracia era el estado soberano territorial, o lo que el distinguido jurista francés René Cassin (1887-1976), judío discapacitado, veterano de la Primera Guerra Mundial y principal consejero legal de De Gaulle, coautor de la Declaración Universal de los Derechos Humanos y condenado a muerte por el gobierno fascista de Vichy, llamaba el «Estado Leviatán». Así que suplicaban que se extendiera el principio democrático de igualdad de poder a través de las fronteras nacionales. «La historia de los últimos veinte años», escribía el erudito alemán Carl Friedrich (1901-1984), «ha mostrado sin ningún género de dudas que la democracia constitucional no puede funcionar con efectividad en un plano nacional». Thomas Mann repudió de forma similar las definiciones nacionales de la democracia. Las instituciones multilaterales podían ayudar a proteger a las minorías vulnerables y a liberar a los ciudadanos del nacionalismo de miras estrechas, y de los abusos de poder de Estados y empresas. «Debemos poner las miras más altas y contemplar el conjunto», decía. «Debemos definir la democracia como esa forma de gobierno y de sociedad que se inspira, por encima de todas las demás, en el sentimiento y la conciencia de la dignidad del hombre».[21]

Abundancia comunicativa

Si había que entender la democracia como la lucha constante por el autogobierno, respaldada por nuevas formas de responsabilidad pública, el desafío práctico era encontrar en aquellos tiempos oscuros y tempestuosos de la década de 1940 algún método para restringir las concentraciones de poder peligrosas. Aunque se recomendaba una mayor participación ciudadana en los asuntos públicos, especialmente en las ciudades y los lugares de trabajo, olvidarse de la representación política y volver a la democracia asamblearia al estilo griego no resultaba atractivo, porque se veía como incapaz de enfrentarse a los desafíos a gran escala de aquellos tiempos oscuros. Se necesitaban cambios mucho más atrevidos. Países como la República Federal de Alemania (1949) y la India (1950) respondieron adoptando constituciones destinadas a evitar los abusos de poder, imponiendo a los gobiernos electos el deber de respetar los derechos fundamentales de sus ciudadanos. El crecimiento en todo el mundo de organizaciones, redes y campañas de monitorización comprometidas en la protección de los derechos humanos fue otra novedad.

El logro fundamental de la década fue la Declaración Universal de los Derechos Humanos. Redactada en 1947-1948 como respuesta al genocidio relacionado con la guerra, dicha declaración (el documento más traducido jamás, disponible hoy en día en 500 lenguas distintas) proclamaba una serie de derechos de todo el mundo, «sin distinción de ningún tipo, como raza, color, sexo, lengua, religión, opiniones políticas o de cualquier tipo, origen nacional o social, propiedad, nacimiento o cualquier otro estatus». Su preámbulo hablaba de la «dignidad inherente» y de «los derechos iguales e inalienables de todos los miembros de la familia humana». La declaración, en efecto, resolvía un problema básico que había perjudicado a las democracias asamblearia y electoral: quién decide quién es «el pueblo». La redefinición de la democracia como la protección de todos en el mundo y el cultivo de los derechos humanos proporcionaba una respuesta clara: todo ser humano tiene derecho a ejercer su derecho a tener derechos, incluyendo el derecho a evitar el ejercicio arbitrario del poder a través de una monitorización pública independiente y la libertad de asociación. En la práctica, eso significaba que ningún gobierno electo tenía derecho a pisotear los derechos de ningún individuo o grupo en ninguna parte. La tortura, el abuso de las mujeres, la crueldad con los niños, las elecciones amañadas, la discriminación religiosa y la censura de los medios de comunicación no eran permisibles, aunque se llevaran a cabo en nombre de la «democracia» y del «pueblo soberano».

Los autores de la Declaración de los Derechos Humanos, incluyendo a René Cassin (el segundo por la izquierda); el dramaturgo, crítico literario y diplomático Peng-chun Chang (tercero por la izquierda); la presidenta del comité de redacción Eleanor Roosevelt (centro), y el pensador tomista libanés de convicciones greco-ortodoxas Charles Malik (tercero por la derecha), que presentaron el borrador final a la Asamblea General de las Naciones Unidas el 10 de diciembre de 1948.

La nueva forma de concebir la democracia fue una luz en la oscuridad, alimentada por la muerte de cuarenta y cinco millones de personas, una destrucción física terrible y un gran sufrimiento espiritual, junto a las tensiones crecientes posteriores a la guerra como la partición sangrienta de Pakistán y la India, el bloqueo de Berlín, y la expulsión sistemática de centenares de miles de palestinos de su tierra natal por parte del Estado de Israel, respaldado por los británicos. La nueva concepción de la democracia, una hazaña impresionante, permitió crear un sinfín de instituciones que atemperasen el poder que no habían existido nunca en toda la historia de la democracia. En esta época de democracia monitorizada se han ido aplicando normas de representación, de responsabilidad democrática y de participación pública a una gama cada vez más amplia de situaciones, incluyendo las asambleas ciudadanas, manifestaciones, huelgas relacionadas con el clima, comisiones anticorrupción y safaris constitucionales (que los redactores de la nueva Constitución sudafricana usaron con prove-cho para examinar las mejores prácticas existentes en otros lugares). Y no nos olvidemos de los tribunales religiosos locales indonesios, las denuncias en los tribunales a favor del interés público en la India, las agencias de protección al consumidor, las asociaciones médicas, los tribunales de crímenes de guerra, los cafés democráticos, las asocia-ciones vecinales, el periodismo de investigación y las plataformas web dedicadas a rastrear y detener los abusos de poder.

La amplia gama de innovaciones fue positiva para dar vida al principio democrático que afirma: quién, cuánto, cuándo y cómo se consigue algo debe depender de una ciudadanía activa, así como del escrutinio público y la contención del poder, y no solo de comen-tarios insustanciales sobre el «derecho a voto» o una democracia li-mitada a las elecciones. Hoy en día, en ese sentido, la democracia monitorizada todavía se alimenta del espíritu de resistencia al poder arbitrario que se remonta hasta la década de 1940. Pero gran parte de las recientes innovaciones democráticas han llegado a depender enormemente para su vitalidad de un factor igualmente significati-vo: la revolución de las comunicaciones digitales, que ha dado nueva forma a las instituciones y a la vida diaria de la gente a nivel mundial durante el último medio siglo.

No se presta la atención debida al hecho de que todas las formas históricas de democracia están cimentadas y moldeadas por los medios de comunicación, de modo que pensemos un momento de la siguiente manera: la democracia asamblearia pertenecía a una época en que dominaba la palabra hablada, respaldada por leyes escritas en papiros y en piedra, y por mensajes despachados a pie, en burro o a caballo. La democracia electoral surgió en la época de la cultura impresa: el libro, el panfleto y el periódico, y los mensajes telegrafiados y entregados por ferrocarril, y entró en crisis durante el advenimiento de los medios de comunicación de masas, especialmente radio, cine y (en su infancia) televisión. Por su parte, la democracia monitorizada resulta estar ligada a sociedades saturadas de multimedia, cuyas estructuras de poder están siendo rastreadas continuamente y criticadas por ciudadanos y representantes que actúan dentro de los ecosistemas de medios digitales. Este mundo de abundancia comunicativa está estructurado por unos medios que integran texto, sonido e imágenes, y permiten la comunicación desde plataformas diversas, en el marco de unas redes mundiales accesibles a muchos centenares de millones de personas repartidas por todo el planeta. La democracia monitorizada y las redes de medios digitalizados son gemelos. Si la reciente galaxia de abundancia comunicativa estallase de pronto, la democracia monitorizada probablemente no sobreviviría.

Sabemos de la manipulación organizada de la información mediante algoritmos ocultos, la cosecha de datos por parte de las empresas, las noticias falsas, la vigilancia de los Estados y otras tendencias decadentes. Sin embargo, resulta igual de asombrosa la forma en que dicha decadencia alimenta una férrea resistencia popular. La abundancia comunicativa alimenta el inquieto espíritu de la democracia monitorizada.[22] Nunca hay pausas. Comparada con la era de la democracia electoral, cuando la cultura impresa y los medios audiovisuales de espectro limitado se alineaban con los partidos políticos y los gobiernos y podían ser controlados por ellos, la época de la democracia monitorizada presencia constantes discusiones sobre el poder, hasta el punto de que parece como si ninguna organización o líder o zona dentro de un gobierno o sociedad civil fuese inmune a la crítica. Todos los recovecos del poder se convierten en objetivos potenciales de ser expuestos. Nacimiento y muerte, dieta y salud han sido despojados de sus certezas. La violencia policial y los abusos de poder contra minorías religiosas, raciales y sexuales ya no se consideran «normales» ni se excusan. El manejo de una pandemia mundial y sus consecuencias sobre la distribución de riqueza, trabajo y bienestar se han convertido en asuntos políticos. En la era de la abundancia comunicativa, no hay ningún tema oculto que esté protegido incondicionalmente de la cobertura de los medios y de su posible politización; a menudo, cuanto más «privado» es, más «publicidad» obtiene. Nada es sacrosanto, ni siquiera los esfuerzos de aquellos que intentan proteger o reconstruir lo que aseguran que es sacrosanto. Las generaciones anteriores encontrarían todo el proceso asombroso en su escala e intensidad democrática. Con el clic de una cámara o el parpadeo de un interruptor, mundos ocultos pueden hacerse públicos: todo, desde el dormitorio a la sala de juntas, la burocracia o el campo de batalla. Ciudadanos y periodistas de investigación, usando múltiples plataformas mediáticas, mantienen vivo el ideal utópico de arrojar luz sobre el poder, de la libertad de información y de una mayor transparencia en los gobiernos y en el mundo de los negocios. No es de extrañar que las denuncias públicas a las ilegalidades y a la corrupción sean habituales en la era de la democracia monitorizada. Parece que los escándalos no tienen fin, y hay veces incluso en que los escándalos, como los terremotos, desestabilizan regímenes políticos.

El reverdecer de la democracia

En la época de la democracia monitorizada, algunos escándalos son legendarios, como las enormes mentiras sobre las armas de destrucción masiva que tramaron los defensores de la desastrosa invasión militar de Irak dirigida por Estados Unidos, en la década de 2000. En una época en que todos los campos del poder son potencialmente objetivo de la «publicidad» y la «exposición pública», también ocurren nuevos tipos de disenso público: asombrosamente, en la relación entre entornos humanos y no humanos.

Por primera vez en la historia de la democracia, instituciones monitorizadoras llevan a cabo campañas para bloquear la destrucción caprichosa del medio ambiente y advertir públicamente de que la Tierra futura puede ser inhabitable. No es sorprendente que sean los partidos políticos verdes quienes ayuden a liderar el cambio. Los primeros del mundo fueron el Grupo Unido de Tasmania, en Australia, y el Partido de los Valores de Nueva Zelanda, a principios de la década de 1970. Organismos independientes, como el Comité para el Cambio Climático del Reino Unido, tienen la misión de mantener a los gobiernos en la vía para alcanzar el cero en las emisiones de carbono. Los bioacuerdos globales, como la Convención de la Diversidad Biológica y la Convención Aarhus, apelan a los Estados para que garanticen a sus ciudadanos toda la información sobre las decisiones medio ambientales y fomenten su participación. Proliferan también las sesiones sobre impacto ecológico y los proyectos científicos de los ciudadanos (como el proyecto Open Air Laboratories del Reino Unido, que anima a la gente a actuar como guardianes de sus entornos naturales). Se multiplican las huelgas climáticas y los movimientos cívicos multimedia como Extinction Rebellion. Reuniones a gran escala de la Earthwatch, asambleas biorregionales, gabinetes estratégicos y academias verdes, así como las convenciones para proteger el entorno marino regional, se unen a iniciativas locales como construir «puentes» para mariposas y abejas en espacios urbanos para proteger del tráfico a las especies en peligro. Por primera vez se consigue la redefinición legal de determinadas zonas para que disfruten de «todos los derechos, poderes, deberes y responsabilidades de una persona legal», como en la Ley *Te Urewera* de 2014 de Nueva Zelanda (Aotearoa).

También por primera vez hay constituciones con artículos destinados a proteger la biosfera, que alteran radicalmente el significado de ciudadanía en un orden político democrático. El capítulo 2, artículo 6 de la Constitución de Mongolia establece expresamente que los ciudadanos deben disfrutar del derecho a «un entorno saludable y seguro, y a estar protegidos contra la polución ambiental y el desequilibrio ecológico». El artículo 70ª de la Constitución de Eslovenia establece que «todos tienen derecho a agua potable», mientras que el artículo 5 de la del Reino de Bután especifica que todos los ciudadanos deben contribuir a la conservación de la rica biodiversidad de Bután y a la prevención de su degradación ecológica, incluyendo la polución visual, física y el ruido, apoyando y adoptando prácticas y políticas amigables con el entorno. También hay iniciativas pioneras de gestión de la tierra y del medio ambiente respaldadas por el gobierno local, por ejemplo, en las Haida Gwaii («islas de las personas») en el Pacífico nordeste, y en el Parque Nacional de Uluru-Kata Tjuta en Australia central.

Extinction Rebellion, una iniciativa de desobediencia civil no violenta que tiene como objetivo empujar a los gobiernos y a las empresas a emprender acciones sobre el clima, arrancó el césped en torno al manzano de Isaac Newton, en Trinity College, Cambridge, en febrero de 2020. La excavación (que aludía a las continuas inversiones del *college* en carbón y minería de gas) logró una cobertura mediática internacional, lo que y obligó a la universidad a dejar de invertir 20 millones de dólares en combustibles fósiles y a comprometerse con las emisiones cero en 2050.

Todos estos experimentos tienen gran importancia para definir la manera de entender la democracia. Están imbuidos de un fuerte sentimiento democrático sobre la complejidad dinámica y frágil de nuestro mundo. Despiertan la conciencia sobre la interconexión de todos los elementos vivos o no vivos, y promueven un respeto más profundo por los no humanos y por su derecho legítimo a estar representados en los asuntos humanos. Y hay más: estas plataformas crean nuevas formas de avergonzar y escarmentar a los culpables de la depredación humana. Parten de la base de que para poder garantizar el aire limpio, el agua y la comida que necesitan los humanos para sobrevivir, la gente debe convertirse en guardiana de los lugares donde vive. Instan a las personas a ver lo maravilloso que es aquello que compartimos, y a valorar las cosas de todos. Investigan los motivos por los cuales la gente no se implica con el fin de incentivarla a actuar. Insisten en que hay cosas que no están a la venta, y subrayan el coste de la ignorancia de la gente sobre el cambio climático, la destrucción de especies y el «desarrollo». Esas plataformas apelan a que los humanos cambien su ingenua insistencia en hablar de «la economía» y las ideologías de «crecimiento del PIB», «progreso» y «modernización» por un sentimiento más sosegado de lo que es el tiempo profundo que permita sostener la frágil complejidad de nuestra biosfera y sus múltiples ritmos.

Esas plataformas verdes ayudan a complicar y a la vez a enriquecer el enfoque diario de la democracia. Nos obligan a redefinir la democracia, librándola de su antropocentrismo, al preguntar: ¿por qué supones que «el pueblo» es el pináculo de la creación, el señor del universo, el legítimo dueño de la «naturaleza» y la fuente última de poder soberano y autoridad en la Tierra? Estas plataformas dan voz política a la biosfera. Reconectan los mundos político y natural en lo que el antropólogo francés Bruno Latour (1947-) llama adecuadamente «parlamentos de las cosas». Sostiene que «la ley no debería centrarse en el hombre, sino en la vida».[23] Se trata de algo más que de instar a los humanos a reimaginarse como seres humildes cuyo destino está profundamente ligado con los ecosistemas en los que moran. La democracia se ve redefinida para que signifique una forma de vida que obliga al poder a rendir cuentas, a través de instituciones representativas, electas y no electas, en las cuales pesan lo mismo los humanos y su biosfera.

Tiempos difíciles

Los nuevos guardianes del medio ambiente nos advierten de que a menos que nosotros, los humanos, tengamos el coraje de cambiar nuestra forma de actuar, las cosas van a ponerse muy feas, tan feas que los ideales e instituciones de la democracia monitorizada perecerán, junto con millones de biomas y especies vivas que podrían incluir también la especie cuestionablemente conocida como *Homo sapiens*. Ya hemos visto cómo las democracias en tiempos pasados sufrieron pérdidas de autoconfianza y brotes de autodestrucción. Al final del siglo IV a. C., cuando Atenas se enfrentó a la invasión de Alejandro Magno, los registros nos muestran que sus ciudadanos estaban tan desmoralizados que más de una vez toda la asamblea se quedó en silencio y sin capacidad de reacción al recibir malas noticias. Durante las décadas de 1920 y 1930, muchas democracias electorales perdieron su rumbo, se rindieron a sus enemigos o fueron dando tumbos, peligrosamente cerca de cometer democidio. La sensación extendida hoy en día entre millones de personas de que la democracia está en peligro equivale a esos periodos previos de desaliento. Pero ahora es distinto. Estos temores, que se remontan a la década de 1940 ante el peligro de una hecatombe nuclear mundial, no tienen precedentes. No es solo que estemos siendo alertados de la frecuencia creciente de catástrofes ambientales y sus efectos en cascada. Nunca antes tantos habían dicho que había que dejar a un lado la democracia, al menos temporalmente, que no es el momento de reformas cosméticas y parciales cuando nuestro planeta se está enfrentando a una crisis de la civilización que requiere unas actuaciones drásticas para salvar a nuestra especie.

La alarma sobre el destino global de la democracia se ve acrecentada por otras ansiedades. En lo más alto de la lista de protestas de hoy está el vaciado del gobierno representativo por las fuerzas del poder estatal centralizado, la deriva hacia lo que Thomas Jefferson llamó el «despotismo electivo». Un destacado historiador de la democracia, Pierre Rosanvallon (1948-), asegura que el centro de gravedad política en las democracias contemporáneas se ha desplazado desde los partidos políticos, las elecciones y los parlamentos hacia unos ejecutivos intimidatorios. La rama legislativa del gobierno está ahora subordinada al gobierno de unos pocos. Ya tenemos encima la «edad del presidencialismo», que engendra insatisfacción ciudadana y sonoras quejas sobre «los líderes que toman decisiones sin consultar, que no son capaces de asumir la responsabilidad de sus actos, que mienten con impunidad y viven en una burbuja».[24]

El cambio se asemeja a un golpe de Estado a cámara lenta, ayudado por tácticas como la limitación de la libertad de expresión, las filtraciones interesadas, los pagos ocultos, los nombramientos sin la aprobación de los legisladores, usadas durante la presidencia de Donald J. Trump. Situación agravada por la disposición de los gobernantes a movilizar la maquinaria del gobierno para obligar a extensos confinamientos durante el COVID-19 en países como Alemania y Sudáfrica. Surgen por doquier señales de que el despotismo electivo está desencadenando no solo la desafección ciudadana y las quejas sobre los políticos, sino también críticas aviesas contra la propia «democracia». Hay muchos que dicen que las cosas van mucho peor de lo que nadie podía esperar. Hay muchos que dicen que la democracia está jodida.

Una encuesta que se hizo en 2019 en 27 países mostró que el 51 % de los entrevistados «no estaban satisfechos con la forma en que funciona la democracia». Los investigadores de la Unidad de Inteligencia de *The Economist* documentaron una confianza menguante en la democracia en los diez años transcurridos entre 2007 y 2017, y una marcada alza en las preocupaciones de los ciudadanos por la falta de transparencia, la irresponsabilidad y la corrupción. Un prominente organismo escandinavo de monitorización de la democracia ha constatado que «aquellos aspectos de la democracia que dan verdadero valor a las elecciones están en declive. La autonomía de los medios, la libertad de expresión y las fuentes alternativas de información, así como el imperio de la ley, han sufrido los mayores declives en años recientes». Un *think tank* americano es aún más pesimista: «La democracia está en crisis», concluye. «Los valores que encarna, sobre todo el derecho a elegir a unos líderes en elecciones libres y justas, la libertad de prensa y el gobierno de la ley están bajo ataque y en retirada a nivel mundial».

Visto desde la perspectiva del futuro de la democracia monitorizada, quizá lo más preocupante es que la gente joven en casi todas partes es la menos satisfecha con la democracia y, como si hubieran sido capaces de ver entre las pompas y fingimientos oficiales y las acartonadas expresiones tranquilizadoras de sus mayores, más desafecta que las generaciones anteriores a su misma edad.[25]

Hay datos poco favorables en la India, que se está convirtiendo rápidamente en la democracia fallida de mayor tamaño del mundo. El apoyo a la democracia entre su gente cayó desde el 70 % al 63 % entre 2005 y 2017. La proporción de ciudadanos «satisfechos» con la democracia se hundió desde el 79 al 55 %; la insatisfacción era más baja todavía entre los que tenían una educación superior (47 %). Más de la mitad de los que respondieron en el periodo 2010-2014 dijeron que preferían «un sistema de gobierno en el cual un líder fuerte pueda tomar decisiones sin interferencias del Parlamento o de los tribunales», un número mayor que el 43 % que así se expresaron en 1999-2004. El respeto por las fuerzas armadas es inusualmente alto: junto con Vietnam, Sudáfrica e Indonesia, la India es uno de los cuatro únicos países cuya mayoría de ciudadanos (un 53%) dicen que apoyarían un gobierno militar. En su *Informe sobre Democracia 2020*, el Instituto V-Dem de Suecia observaba que la India «casi ha perdido su estatus como democracia», y colocaba al país por debajo de Sierra Leona, Guatemala y Hungría.[26]

También hay noticias descorazonadoras en Latinoamérica. Allí se informa de que menos de un cuarto (un 24%) de los ciudadanos están contentos con la forma en que funciona la democracia en sus países, la cifra más baja desde que empezaron las encuestas electorales. Muchos se quejan de injusticias sociales ligadas a la pobreza. Más de un 40% de los cuarenta y cinco millones de personas de Argentina (y casi un 60% de sus hijos) viven en la pobreza en un barrio de chabolas. Después de 2000, cuando empezó en México el cambio a una democracia multipartido, el número de personas que vivían oficialmente por debajo del umbral de la pobreza aumentó hasta más de un 50% de la población. Alimentada por un ejército de reserva de pobres, la violencia mafiosa ha crecido en proporciones alarmantes. Numerosos alcaldes electos han sido asesinados, varios centenares de periodistas han sido asesinados o están desaparecidos, y a más de un cuarto de millón de ciudadanos se les ha arrebatado la vida.

Muchos observadores señalan que gran parte de la desafección ciudadana está relacionada con la brecha cada vez más amplia entre ricos y pobres, que hace burla del principio de la igualdad democrática. Es sintomático que durante el primer año de la pandemia, la riqueza total de los multimillonarios en países como India, Suecia, Francia y Estados Unidos se haya más que duplicado. Casi todas las democracias sienten que gana peso la antigua norma de que capitalismo y democracia son incompatibles, y parece que de nuevo estemos viviendo en un periodo en que el espíritu igualitario democrático se reduce a un mantra que funciona como «un manto para cubrir la desnudez del gobierno que hace negocios para las clases más adineradas».[27] La vida diaria queda marcada por el crecimiento de la plutocracia, las élites meritocráticas y el surgimiento de un «precariado» sustancial de gente subempleada y empleados a tiempo parcial en trabajos esporádicos y mal pagados, y que no tienen protección sindical ni seguridad a largo plazo.

Pequeño déspota, gran déspota: un «amor fraternal» en ciernes entre el presidente de Hungría Víktor Orbán y el ruso Vladímir Putin en la conferencia de prensa de Budapest anunciando nuevos acuerdos para comprar tecnología de energía nuclear y suministros de gas a Rusia, al gigante de la energía Gazprom, en febrero de 2015.

Hay pensadores políticos importantes que señalan que el daño hecho a las instituciones democráticas por «el poder empresarial, la corrupción de los procesos políticos y representativos por parte de los grupos de presión y los *lobbies* [...] y la degradación del diálogo político promovida por los medios de comunicación» son «la base del sistema, no unas excrecencias marginales». Advierten del nacimiento de una «democracia administrada» y de un «totalitarismo invertido», en el cual las grandes empresas podrían hacerse con el gobierno con la ayuda de los medios privados que desmovilizan y atontan a la ciudadanía.[28] La colonización por parte de las grandes empresas de las instituciones democráticas ha conducido a algunos historiadores a darle la vuelta a la descripción de la «tercera ola de la democracia» y del «triunfo de la democracia liberal», afirmando que, desde la década de 1970, la democracia, al menos en occidente, ha quedado desfigurada por el «poder tripartito de los negocios, la banca y los líderes políticos». Las políticas estatales de «salvar el capitalismo» han debilitado a los sindicatos, promovido la desregulación de los servicios públicos y extendido la cultura del consumo alimentado por el crédito privado y la creencia en la «inviolabilidad del individuo sin obligación ninguna».[29]

El nuevo despotismo

Y eso no es todo. El desaliento por los efectos sociales y políticos dañinos del saqueo medioambiental, la concentración del poder del Estado y las amenazas planteadas por el turbocapitalismo financiero, se ve exacerbado por la conciencia creciente de que las democracias monitorizadas se enfrentan a un nuevo competidor global: los regímenes despóticos que en Turquía, Rusia, Hungría, los Emiratos Árabes Unidos, Irán y China tienen una arquitectura política que va de arriba abajo, y una capacidad para ganarse la lealtad de sus súbditos usando métodos distintos a todo lo conocido anteriormente en el mundo moderno.

Como buitres picoteando la carne podrida, los críticos de la democracia monitorizada están disfrutando del festín excepcional del cinismo y el rechazo a la democracia participativa. Los críticos chinos son especialmente mordaces en sus ataques a la democracia liberal al estilo americano. El erudito Su Changhe cree que la prioridad clave es «desechar el lenguaje de la democracia occidental», ya que para «tener un espíritu realmente libre y un carácter nacional independiente, [China] debe primero degradar la idea de la democracia promovida por una minoría de países occidentales de valor universal a local». La República del Pueblo no debe caer en la «trampa democrática» que produce «divisiones sociales, antagonismo étnico, enfrentamientos políticos, inestabilidad inacabable y unos gobiernos débiles», escribe. El periodista chino Thomas Hon Wing Polin añade que «la democracia al estilo liberal occidental no es más que una forma de democracia. Ni pone al pueblo al frente ni sus intereses por encima de todo. En el fondo, es una oligarquía que sirve a los intereses de una diminuta minoría a expensas de la inmensa mayoría».

El escritor de ciencia ficción más conocido de China, Liu Cixin, todavía es más categórico: «Si China se transformase en una democracia, sería el infierno en la Tierra», dijo a *The New Yorker* en 2019, una provocación que reaparece en escena hacia el final de su trilogía superventas *El recuerdo del pasado de la Tierra*. En ella describe los desastres desencadenados por la invasión de una especie alienígena que pone en cuarentena a la mayor parte de la población de la Tierra en el continente australiano. «La sociedad de las poblaciones reasentadas se transformó de maneras profundas», escribe Liu. «La gente se dio cuenta de que, en aquel continente atestado y hambriento, la democracia era más terrorífica aún que el despotismo. Todo el mundo ansiaba el orden y un gobierno fuerte».[30]

Orden y gobierno fuerte sancionados por «el pueblo» es exactamente lo que ofrecen los gobernantes prepotentes en una nueva cosecha de despotismos que son una alternativa global al poder compartido de las democracias monitorizadas. Esos gobernantes se ven reforzados por la creencia de sus súbditos en que esa cosa llamada democracia occidental se está viniendo abajo. De ahí su tentación de enfrentarse a las democracias monitorizadas, de desafiarlas a escala mundial, como hacían las dictaduras, monarquías y regímenes totalitarios de hace un siglo cuando acosaban a las democracias electorales. Los nuevos despotismos no son meras tiranías a la antigua, ni autocracias o dictaduras militares. Y tampoco hay que confundirlas con el fascismo o el totalitarismo del siglo xx.

El despotismo es más bien un nuevo tipo de Estado intimidatorio dirigido por gobernantes duros, hábiles en las artes de manipular e interferir en la vida de la gente para conseguir su apoyo y ganarse su conformidad. Los despotismos crean unas relaciones que van de arriba abajo, de dependencia bien engrasada con dinero, ley, elecciones y mucho hablar en los medios de defender «al pueblo» y «la nación» (las frases a menudo son intercambiables en algunas lenguas) contra la «subversión doméstica» y los «enemigos exteriores». Los despotismos son pirámides de poder que van de arriba abajo, pero es un error suponer que se basan simplemente en la represión y la pura fuerza bruta. Se esfuerzan por practicar una gobernanza astuta. No hacen más que repetir una y otra vez el mantra de la «soberanía popular». Sus líderes utilizan encuestas de opinión pública, *think tanks*, campañas electorales, foros de consulta, información *online* y detectores de disidentes. Los gobernantes de los nuevos despotismos son los reyes del engaño y la seducción. Son maestros de la «democracia fantasma». Hacen todo lo que pueden para camuflar la violencia que usan contra aquellos que se niegan a conformarse. Usando una combinación de medios hábiles, incluyendo formas de coerción que van de las amenazas a las desapariciones y las torturas entre bastidores, consiguen ganarse la lealtad de una parte de las clases medias, trabajadoras y pobres. Su objetivo es conseguir la docilidad de sus súbditos, su servidumbre voluntaria. Y se apoyan unos a otros. Los nuevos despotismos, dirigidos por una China segura de sí misma, son hábiles a la hora de moverse por las instituciones multilaterales para conseguir socios económicos y hacer tratos militares mucho más allá de las fronteras de los Estados que dirigen.

Aunque Erdoğan, Putin y otros nuevos déspotas aseguran practicar sus propias formas de «democracia» basada en la autoridad del «pueblo», no sienten ningún aprecio por la democracia monitorizada. Su verdadera pasión es el poder, ejercido arbitrariamente por encima de los demás. Pueden ser implacables y vengativos en sus objetivos, usando medios militares. Sin embargo, no son ciegamente insensatos. Normalmente prestan una meticulosa atención a los detalles, interfieren astutamente en la vida de las personas, las supervisan y emiten amenazas muy calculadas para intimidar a los disidentes a que se sometan. El apoyo público del que disfrutan esos gobernantes es sorprendente, especialmente cuando se considera que los despotismos son regímenes capitalistas estatales dominados por poligarcas –gobiernos y oligarcas que concentran vertiginosas cantidades de riqueza en sus manos, en el seno de familias dinásticas que controlan y protegen.

Democracias como la de Reino Unido, España y la más poderosa de todas, la de Estados Unidos, también están deformadas y lastradas por las enormes desigualdades de oportunidades y riqueza. Ciertos ingredientes del poder despótico están vivos y coleando también «dentro» de las democracias monitorizadas. Pensemos en ese nuevo tipo de «capitalismo vigilante», dirigido por gigantescas empresas de recolección de datos respaldadas por el Estado como Amazon y Google, que están colonizando, manipulando y dando nueva forma a las vidas personales de muchos millones de personas solo para su provecho y su poder, sin su consentimiento e independientemente de los resultados electorales. O los gobiernos populistas electos en Brasil, India, Polonia y México, que son potenciales comadronas del despotismo. Los cuatro años de presidencia de Trump han establecido el patrón: nutrido por ciudadanos desafectos y donativos de empresas, su gobierno propagó la desinformación, socavó el imperio de la ley, se enzarzó con sus enemigos, desacreditó el periodismo experto y de investigación («noticias falsas»), y en general aceleró la deriva hacia un gobierno intimidatorio. Durante las elecciones, prometió redención para todos. En la práctica, en nombre de un «pueblo» ficticio y ayudado por el dinero más oscuro y sus estrechos vínculos con el mundo de los negocios, su presidencia favoreció el gobierno desde arriba hacia abajo, el gobierno de unos pocos sobre los muchos.

Esta caricatura fue ampliamente difundida por el sitio de *microblogging* chino de Weibo, en 2016. En ella, el policía pregunta a los perros: «¿Así que queréis democracia?», y pretende resaltar el contraste entre el orden que asegura un gobierno fuerte y bien armado, por un lado, y las falsas promesas, el desorden y la violencia de la democracia occidental, por otro.

En ese y otros aspectos, las democracias sirven como incubadoras del despotismo. Cuando se considera que las democracias y los despotismos también comparten oscuros vínculos a través de sus fronteras, cooperando en proyectos de infraestructura de transportes, banca y compraventas de armas, debería quedar claro que los principios y prácticas de las democracias constitucionales en que el poder es compartido, como las que conocemos desde la década de 1940, no solo están amenazadas desde el exterior. Hungría, Kazajistán y Turquía (por nombrar solo unos cuantos casos) muestran que la transición desde una democracia con el poder compartido hasta el despotismo puede ocurrir rápidamente, en no mucho más de una década.[31] Esos casos sirven como advertencia de que la democracia monitorizada puede ser desactivada subrepticiamente, poco a poco, usando métodos de gobierno que ostentan un enorme parecido con los encontrados en China, Rusia, Irán, Arabia Saudí y otros lugares. Esos nuevos despotismos deberían despertar a los demócratas de todo el mundo y recordarles que están viviendo en tiempos en los cuales la democracia está seriamente amenazada.

¿Por qué la democracia?

Y así, a medida que se va espesando la niebla y reina la oscuridad, debemos hacernos dos preguntas básicas: igual que los demócratas electorales sucumbieron y colaboraron con sus enemigos durante las décadas de 1920 y 1930, ¿por qué no deberían hoy los demócratas ceder ante el despotismo actual y despedir así los ideales e instituciones del poder compartido y la democracia monitorizada? ¿No es realista aceptar los deseos de Putin, Erdoğan y otros déspotas, y reconocer que ha llegado el momento de entonar un último adiós para ese caos «occidental» llamado democracia monitorizada? ¿Darnos cuenta de que el nuevo orden emergente del colapso de la Unión Soviética, el estancamiento europeo, los desórdenes en el mundo árabe, el declive del imperio americano, el regreso de una Rusia imperialista y una ambiciosa China segura de sí misma, favorecen el despotismo y no la democracia? En resumen, ¿por qué estar en el lado equivocado de la historia? ¿Por qué agarrarse a esa antigualla que se llama democracia?

¿Por qué deberían pueblos diferentes, con intereses diversos y en diferentes puntos en nuestro planeta preferir la democracia monitorizada como forma de vida? ¿Por qué comprometerse a una mayor responsabilidad pública, a humillar a los poderosos y a igualar las oportunidades de vida para todos? ¿Podría ser, por el contrario, la democracia una falsa norma global, un pseudoideal universal interesante, deslumbrante en sus promesas y, durante un tiempo, capaz de seducir a la gente en la falsa creencia de que es un arma de los débiles contra los fuertes, cuando en realidad solo es un soborno organizado de los pobres por parte de los ricos, una creencia ignorante en la sabiduría colectiva, un cómplice de los crímenes humanos contra la naturaleza, un pretencioso y pequeño valor pregonado por tenderos de segunda fila con mentes de segunda fila (como pensaba el antifilósofo alemán del siglo XIX Friedrich Nietzsche)?[32] Dicho de otro modo: ¿se valorará la democracia realmente en Ciudad del Cabo y Caracas tanto como en Chennai, Canberra, Copenhague y Chongqing?

Al abordar estas cuestiones éticas, la idea de rescatar e infundir vida a justificaciones pasadas de la democracia ya no es una opción, porque (¡vaya sorpresa!) la historia de la democracia está repleta de justificaciones dogmáticas, extrañamente antidemocráticas y contradictorias de por qué la democracia es una norma universal. Tomemos unos pocos ejemplos de la época de la democracia electoral. La visión cristiana del siglo XIX, expresada en el intento del editor americano Nahum Capen (1804-1886) de escribir la primera historia completa de la democracia, era que la democracia es deseable porque extrae su inspiración y verdad de los Evangelios... mala noticia para los musulmanes, hindúes, confucianos y otros.[33] Los primeros defensores modernos de la soberanía nacional insistían en que cada Nación (les gustaba poner esa palabra con mayúscula) tenía derecho a gobernarse a sí misma, y en que las luchas por la autodeterminación nacional tenían la historia de su lado –en la práctica, la doctrina ha resultado a menudo ser asesina, como para los católicos irlandeses, condenados a quedar desvalidos en una nación-Estado dominante, o para los palestinos y kurdos, que no tenían Estado, o para los romanís, sami, inuit y otros pueblos indígenas que eran considerados como impropios de tener nacionalidad. Y un texto influyente titulado *Gobierno* (1820), escrito para una enciclopedia por el predicador y funcionario escocés James Mill (1773-1836), explicaba que la democracia representativa era la protectora de la propiedad privada y el individualismo posesivo, y garante del principio utilitario de que «si el fin del gobierno es producir la mayor felicidad para el mayor número posible de personas, ese fin no se puede alcanzar haciendo esclavos a la mayoría».[34]

Filosóficamente hablando, el problema de esas justificaciones antiguas no es solo que sean contradictorias. Sufren de pensamiento único. Presumen que su justificación de la democracia es aplicable universalmente porque descansa en un primer principio intemporal que requiere que los demócratas, así como sus oponentes, se inclinen en su presencia. Ese engreimiento filosófico por supuesto choca con el espíritu autocuestionador e igualitario de la democracia. Hablar de Dios, nación, historia y propiedad privada no es solo metafísica doctrinal. Su pomposidad contradice toda la idea de la democracia monitorizada como defensora de una diversidad abierta a las formas de vida liberadas de los dictados autoritarios de los que se hacen los importantes.

El recurso de justificar la democracia buscando sus posibles consecuencias prácticas es igualmente poco convincente. Por ejemplo, la democracia no siempre es promotora de la paz, ya que los imperios de Atenas y del Israel y los Estados Unidos actuales demuestran exactamente lo contrario. No es una condición universal necesaria de la riqueza generada por el mercado, o de un «crecimiento económico» sostenido o sostenible; preguntemos a los gobiernos chinos o vietnamitas, o a los activistas verdes, por esa idea. Y decir que la democracia fomenta «el desarrollo humano más plenamente que cualquier otra alternativa», como hizo el pensador político americano Robert Dahl (1915-2014), suscita complicadas preguntas sobre el significado de los términos «humano» y «desarrollo» e ignora las dinámicas no humanas.

Y de ese modo empieza la búsqueda de justificaciones éticas nuevas de la democracia que se apoyen en formas más rigurosas y humildes de pensar, sin agarrarse a tópicos como «la democracia es buena porque deja que la gente decida cómo quiere vivir» o abrazando cínicamente lo de «nada es verdad y todo vale», ese relativismo que inevitablemente se alinea con los enemigos de la democracia que dicen que se trata simplemente de bobadas y estupideces.

¿Hay forma de escapar de la doble trampa del dogmatismo y el relativismo? Pues sí, la hay. Lo que se necesita son formas indirectas de reimaginar la democracia como ideal universal, porque es la guardiana de la pluralidad, la protectora de diferentes formas de vivir liberadas de los dictados de un poder arrogante, violento y depredador.

Pensar en la democracia como la guardiana de la diversidad de ideas y la defensora del rendimiento de cuentas de todo poder público confiere a la ética de la democracia una mayor amplitud, una tolerancia más universal de las distintas definiciones de democracia, y una mayor capacidad de respetar la frágil complejidad de nuestros mundos humano y no humano. Se separa de la morbosa búsqueda filosófica de unos principios generales intemporales, pero no acepta que pensar en la democracia pueda ser superficial, siguiendo por ejemplo el camino del cálculo pragmático.[35] En estos tiempos difíciles, pensar en los méritos de la democracia monitorizada requiere precisamente más reflexión, no menos.

Por supuesto, en los pueblos y ciudades de Nigeria, Indonesia, Chile, Brasil y otros países, la palabra «democracia» no se suele tratar como un asunto filosófico. Cuando se la valora es por razones mucho más esotéricas, que tienen que ver con la elección de gobiernos que no sean corruptos, que proporcionen agua potable, electricidad, vacunas, y escuelas y hospitales decentes. También es verdad que en todas partes «democracia» se emplea como código de una creencia de sentido común. «Tened fe en la democracia», decía el presidente de Estados Unidos Barack Obama. «No siempre es bonita, ya lo sé. Lo he vivido. Pero así es como, poco a poco, generación a generación, hemos ido haciendo progresos».[36] Considerada como una forma de vida, la democracia monitorizada saca su fuerza de esa y otras opiniones a su favor. Pero con eso no basta, porque cuando las cosas se ponen difíciles y los tiempos son turbulentos, conviene disponer de un argumento realmente persuasivo a favor de la democracia. Un buen argumento puede marcar toda la diferencia tanto para la opinión pública como para las dinámicas de poder en un contexto dado. Puede persuadir a la gente de que se aferre a su compromiso con la democracia, o que cambie de mentalidad a su favor, de que vea y sienta las cosas de una manera distinta, y, por encima de todo, que reconozca la necesidad de impedir cualquier forma de poder que dañe sus vidas con penalidades, dolor e indignidad.

La idea de que, a la hora de pensar en la democracia, el problema del abuso de poder debería ser fundamental es una clave vital para hacer que la democracia sea indispensable en todas partes. Si se comprende la democracia como un proceso inacabable de dar lecciones de humildad al poder abusivo, entonces podemos abandonar todos los intentos anteriores de vincularla a unos principios pretenciosos. «La democracia no se puede representar», escribe el erudito francés Jean-Luc Nancy (1940-2021).[37] Como el agua, no tiene forma ni sustancia fija. No solo varía a lo largo del tiempo y el espacio, como ya hemos visto, sino que además su forma de desafiar a las formas concretas de vivir y su negativa a todas las formas de poder que vayan de arriba abajo disfrazadas como «normal» o «natural» resultan muy atractivas. La democracia tiene algo de punk. Es anárquica, permanentemente insatisfecha con la forma de ser de las cosas. Los actos inspirados por su espíritu y sus instituciones dan lugar a comienzos inesperados. Siempre del lado de las víctimas del poder depredador, la democracia duda de las ortodoxias, relaja las fronteras estrictas, amplía horizontes y empuja hacia lo desconocido.

Pensar en la democracia como una manera cambiante de proteger a los humanos y su biosfera contra los efectos corruptores del poder descontrolado revela su potencial radical: la insistencia en que las vidas de la gente nunca son totalmente fijas; que todas las cosas, humanas y no humanas, están construidas en las arenas movedizas del espacio-tiempo y nadie, ni persona ni grupo, por mucho poder que ostenten, puede ser digno de confianza permanentemente, en ningún contexto, para gobernar las vidas de otros. Podríamos decir, volviendo a la era de las primeras asambleas populares, que la democracia es un medio de prevención de daños. Es un sistema de advertencias tempranas, una forma de permitir a ciudadanos, organizaciones y grupos enteros que hagan sonar la alarma cuando sospechen que otros están a punto de causarles daño, o cuando sobre sus cabezas ya han las calamidades. Nietzsche se quejaba de que la democracia reúne los requisitos para dejar de creer en el gobierno de las élites y de los hombres fuertes, y con razón. La democracia vuelve a traer las cosas a la tierra. Sirve como «test de realidad» sobre el poder sin restricciones. Es un medio potente de asegurarse de que aquellos que están a cargo de las administraciones no se desvían ni se meten en un mundo de fantasía, escondiéndose en territorios donde las desventuras y maldades del poder quedan ocultos entre bonitas palabras, mentiras, intimidaciones y silencio.

Si lo pensamos de esa manera, el principio de la democracia como señal de alarma constituye un bien global. Vista de esta manera, la democracia ya no busca manidas fantasías de favorecer la paz, el crecimiento económico y una mayor humanidad, ni sucumbe a las ilusiones académicas de unos ciudadanos que, inspirados por argumentos racionales, unen sus manos en un armonioso acuerdo. Exige dejar a un lado cualquier vinculación dogmática con algún principio fundamental, sea este la Verdad o la Felicidad o los Derechos Humanos o el Mercado de Naciones o el Pueblo Soberano. Se niega a aceptar desaires como calificar la democracia de «gobierno de la orgía, casi del orgasmo», como dijo el escritor H. L. Mencken (1880-1956) en su ataque a «los apetitos y emociones primitivos» de «los hombres inferiores», en su *Notas sobre la democracia* de 1927. Ayuda a los críticos que hoy en día la despellejan tachándola de débil fantochada liberal, o de arrogancia occidental, a pensar sobre los peligros del poder incontrolado. Profundamente suspicaz ante el poder ejercido arbitrariamente, defensora de débiles y sensatos frente a los fuertes y estúpidos, la democracia como sistema de detección temprana de los abusos se aplica por igual a los mundos entrelazados de la vida diaria y los grandes negocios, los gobiernos locales y nacionales y las organizaciones internacionales. Está constantemente en guardia ante todas las formas de poder arbitrario, aniden donde aniden. Advierte de que las catástrofes normalmente resultan de pensamientos grupales, ceguera voluntaria y otras patologías del poder incontrolado. Por tanto, es aplicable tanto a megaproyectos mal diseñados y peor llevados como la «Belt and Road Initiative» de China, los proyectos multimillonarios de extracción de arenas de alquitrán en Canadá y la quema de bosques en Brasil, como a la «modernización» secreta de las fuerzas militares o a las finanzas y operaciones bancarias de alto riesgo en Londres, Ámsterdam, Shanghái y Nueva York.

Imbuida por un fuerte sentimiento de que la realidad es fluida y alterable, la democracia es una defensora imparcial de la apertura y amiga de la perplejidad cuando está en compañía de aquellos que ejercen el poder con una certidumbre petulante. Nada en la conducta humana le resulta sorprendente: ve que los humanos son capaces de lo mejor y perpetradores de lo peor. Por ese motivo, la democracia se alza en contra de todas las formas de orgullo desmedido. Considera que el poder concentrado es ciego y por tanto azaroso; calcula que a los humanos no se les puede confiar un gobierno sin control sobre sus iguales ni sobre los biomas en los que residen. Desmonta la antigua queja de que la democracia es como un barco lleno de locos, o un circo ambulante dirigido por unos monos. La democracia se opone a la estupidez y al disimulo; se opone a la arrogancia silenciosa y no quiere saber nada de autoritarismos, intimidación y violencia. Su papel como sistema de detección temprana la pone en sintonía con las situaciones complejas y novedosas, y la hace pletórica ante las dificultades. Advierte a los ciudadanos y a sus representantes de los posibles peligros de las consecuencias desconocidas de las consecuencias de las consecuencias. Sabe enfrentarse a las calamidades de nuestros tiempos y anticipa los peligros que puedan ocurrir.

Cuando se la interpreta en términos del principio de prevención, la democracia monitorizada, la forma más sensible al abuso de poder en toda la historia de la democracia, resulta ser la mejor arma inventada hasta el momento para protegernos contra las «ilusiones de la certeza»[38] y para romper los monopolios de poder sin restricciones, allí donde operen, y operen como operen. Ver la democracia de ese modo no supone, hablando filosóficamente, que sea el resultado de una regla de oro Cierta y Verdadera. Justamente al revés: la ética de la democracia monitorizada es condición previa para romper el dominio de toda arrogancia moral. La ética de la democracia es consciente de sus propios límites y los de los demás, consciente de que la democracia no es algo «natural», y consciente de que no tiene garantías metahistóricas. No tolera idiotas arrogantes. Se niega a la humillación y a la indignidad del pueblo. El poder con zancos no es lo suyo.

La democracia duda de esos reyes y reinas supuestamente buenos, de los dictadores benévolos y los déspotas espabilados. En una época en que millones de personas tienen la sensación de haber perdido el control sobre la toma de decisiones, la democracia cuestiona a los arrogantes y toma partido por los que no tienen poder contra aquellos que abusan de él. Comprende bien que la defensa del pluralismo social y político puede llegar a un punto en que la propia diversidad destruye las condiciones que hacen posible el pluralismo. Sabe que los que no tienen poder pueden volverse en contra de compartir el poder. El populismo demuestra que el barco de la democracia puede acabar hundido por sus marineros amotinados. Con la ayuda práctica de una plétora de mecanismos que sirven para humillar al poder, la democracia presupone que es posible un mundo más igualitario, de mayor bienestar, apertura y diversidad. Defiende esos ideales no porque todos los hombres y mujeres sean iguales de forma «natural», o porque estén bendecidos por Dios o por las deidades de la «modernización» o de la historia. Por el contrario, la democracia nos enseña que ningún hombre ni ninguna mujer son lo bastante perfectos para gobernar sin rendir cuentas sobre sus iguales y sobre los frágiles territorios y mares en los cuales moran.

¿No es ese acaso un saber con un valor mundial?

Notas

Introducción

1. Lin Yutang, *My Country and My People*, William Heinemann, Londres y Toronto, 1948 (publicado por primera vez en 1936), p. 198.

Parte I: Democracia asamblearia

1. Una traducción de este texto aparece en W.G. Lambert, *Babylonian Wisdom Literature*, Oxford, Londres, 1960, pp. 112-15.
2. Véase Francis Joannès, «Haradum et le pays de Suhum», *Archéologie* 205, septiembre de 1985, p. 58: «Con respecto a la plata que Habasanu durante su ejercicio como alcalde había hecho pagar a la ciudad, toda la ciudad se reunió en asamblea y habló en estos términos a Habasanu: "De la plata que nos has hecho pagar, una gran cantidad se ha quedado en tu casa, así como las ovejas que te dimos además como regalos voluntarios"».
3. Para más detalles de esas repúblicas (llamadas *gana dhina*) –cuyas asambleas al parecer estaban dominadas por guerreros aristócratas (*kshatriya*) pero también incluían a especialistas en rituales (*brahmana*) y mercaderes (*vaisya*), aunque no trabajadores (*shudra*)– véase Jonathan Mark Kenoyer, «Early City-States in South Asia: Comparing the Harappan Phase and Early Historic Period», en Deborah L. Nichols y Thomas H. Charlton (eds.), *The Archaeology of City-States: Cross-Cultural Approaches*, Smithsonian Institution Press, Washington y Londres, 1997, pp. 51-70; Ananat S. Altekar, *State and Government in Ancient India*, Motilal Banarsidass, Delhi, 1958; Jagdish Sharma, *Republics in Ancient India: c. 1500 BC-500 BC*, E.J. Brill, Leiden, 1968; y Romila Tapar, «States and Cities of the Indo-Gangetic Plain c. 600-300 BC», en *Early India: From the Origins to AD 1300*, University of California Press, Berkeley y Los Ángeles, 2002, pp. 137-73.
4. El relato de Wenamon está traducido al inglés en *Ancient Records of Egypt: Historical Documents from the Earliest Times to the Persian Conquest* de James Henry Breasted, University of Chicago Press, Chicago, 1906, volumen 4, §§ 557 y ss.

5. Aristóteles, *Política*, 1304a 31-3; ibid. 1303a 22-4 y 1311a 39. [Ediciones de Espasa, Alba, Altaya, Gredos, etc.].
6. Platón, *República*, 557 a. C. y 492 a. C. [Ediciones de Espasa, Edaf, Altaya, Tecnos, etc.].
7. Producida en 424 a. C., en esta sátira mordaz aparece un coro de jóvenes aristócratas (los caballeros) que se alinean con el vendedor de salchichas, Agorácrito, en sus esfuerzos por controlar a Demos siendo más hábiles que su supervisor, un esclavo llamado el Paflagonio. Los dos ordinarios rivales por el poder sobre Demos recurren al halago y a regalos griegos: para controlarlo mejor, ruegan que Demos se convierta en tirano y único gobernante de toda la Tierra, y lo tientan con todo tipo de artículos, desde conejos recién cazados y pescados baratos hasta almohadas para ablandar los asientos de piedra en el *pnyx*. Demos parece complacido por esos trucos: se le representa, en casi toda la obra, como un bribón engreído cuya estupidez se ve acrecentada por su insistencia en que sabe con toda exactitud lo que está pasando.
8. Jean-Jacques Rousseau, *Du contrat social ou principes du droit politique*, Larousse, París, 1973 (publicado por primera vez en 1762), libro 3, capítulo 15, p. 168. [*El contrato social*, ediciones de Espasa, Herder, Tecnos…].
9. Platón, *El estadista* 291 D 1-29 A 4.
10. Tucídides, *Historia de la Guerra del Peloponeso*, 2.37-45 [Ediciones de Gredos, Alianza, Crítica, Akal, etc.]; véase Kurt A. Raaflaub, «Democracy, Power, Imperialism» en J. Peter Euben et al. (eds.), *Athenian Political Thought and the Reconstruction of American Democracy*, Cornell University Press, Ithaca y Londres, 1994, pp. 103-46.

Parte II: Democracia electoral

1. Thomas Jefferson a Isaac H. Tiffany, 26 de agosto de 1816, obtenido en los Documentos de Thomas Jefferson en la Biblioteca del Congreso, http://hdl.loc.gov/loc.mss/mtj.mtjbib022558
2. David Runciman, «The Paradox of Political Representation», *The Journal of Political Philosophy*, volumen 15, n.º 1, 2007, pp. 111-12.
3. Barón de Montesquieu, *The Spirit of the Laws*, Hafner Press, Nueva York y Londres, 1949 (publicado por primera vez en 1748), libro 2, capítulo 2 («Of the Republican Government, and the Laws in Relation to Democracy»), p. 9. [*El espíritu de las leyes*, ediciones de Alianza, Tecnos, Altaya, etc.].
4. René-Louis de Voyer d'Argenson, *Considérations sur le gouvernement ancien et présent de la France*, Chez Marc Michel Rey, Ámsterdam, 1764, p. 8.
5. James Madison, «The Utility of the Union as a Safeguard Against Domestic Faction and Insurrection (Continued)», *Daily Advertiser*, 22 de noviembre de 1787: «Los grandes puntos de diferencia entre una democracia y una república son: primero, la delegación del gobierno, en la última, a un pequeño número de ciudadanos elegidos por los demás; en segundo lugar, el mayor número de ciudadanos, y mayor esfera de país, sobre la cual esta última se puede extender».
6. Alexander Hamilton al gobernador Morris, 19 de mayo de 1777, en Harold C. Syrett y Jacob E. Cooke (eds.), *The Papers of Alexander Hamilton*, Columbia University Press, Nueva York, 1961, volumen 1, pp. 254-56.
7. De un discurso de James Wilson a la Convención Federal, 6 de junio de 1787, en Max Farrand (ed.), *The Records of the Federal Convention of 1787*, Yale University

Press, New Haven y Londres, 1937, volumen 1, capítulo 13, documento 18, pp. 132-33.

8. Henry Brougham, *Political Philosophy*, H. G. Bohn, Londres, 1849, parte 3, capítulo 6, p. 33.

9. Thomas Jefferson, «Thomas Jefferson to Benjamin Rush [17 August 1811]», en William B. Parker y Jonas Viles (eds.), *Letters and Addresses of Thomas Jefferson*, Unit Book Publishing, Nueva York, 1905, p. 204.

10. Thomas Paine, *Rights of Man*, J. S. Jordan, Londres, 1971, parte 1, pp. 272-74. [*Los derechos del hombre*, ediciones en Alianza, Aguilar, Tecnos, etc.].

11. ibid.

12. A. F. Pollard, *The Evolution of Parliament*, Longmans, Green & Company, Londres y Nueva York, 1920, p. 3; se dice lo mismo en *A Short History of Democracy* de Alan F. Hattersley, Cambridge University Press, Cambridge, 1930, pp. 78-79.

13. Friedrich Nietzsche, *Beyond Good and Evil: Prelude to a Philosophy of the Future* (trad. al inglés de W. Kaufmann), Vintage, Nueva York, 1966, p. 202. [*Más allá del bien y del mal*, ediciones en Alianza, Tecnos, Alba, Altaya, etc.].

14. Alexander Henderson, *The Bishops' Doom: A Sermon Preached before the General Assembly Which Sat at Glasgow Anno. 1638, On Occasion of Pronouncing the Sentence of the Greater Excommunication against Eight of the Bishops, and Deposing or Suspending the Other Six*, John Gray y Gavin Alston, Edimburgo, 1792, pp. 17-18.

15. Walter Thomas Mills, *Democracy or Despotism*, University of California, Berkeley, 1916, p. 61.

16. Francisco I. Madero, *La sucesión presidencial en 1910: El Partido Nacional Democrático*, Colección Reforma-Revolución, México, 1908, pp. 179-85, 230-41.

17. Gyula (Julius) Schvarcz, *Die Demokratie von Athen*, E. Avenarius, Leipzig, 1901, volumen 1, pp. 29-69.

18. Citado en *Machine Made: Tammany Hall and the Creation of Modern American Politics* de Terry Golway, Liveright, Nueva York, 2014, p. 106.

19. Alexander Keyssar, *The Right to Vote: The Contested History of Democracy in the United States*, Basic Books, Nueva York, 2001, p. 98.

20. Las observaciones de Paul Groussac se encuentran en su *Del Plata al Niágara*, Administración de la Biblioteca, Buenos Aires, 1897; la confesión de Bolívar se cita en Enrique Krauze, *Redeeemers: Ideas and Power in Latin America*, Nueva York, 2011, p. 342. [*Redentores. Ideas y poder en Latinoamérica*, México, Debate, 2011].

21. La declaración fundacional del Partido Conservador se encuentra en Ludolf Parisius, *Deutschlands politische Parteien und das Ministerium Bismarcks*, J. Guttentag, Berlín, 1878, pp. 219-20; Henry Sumner Maine, *Popular Government*, John Murray, Londres, 1886, p. 36, que añadió que la democracia se parece a «una tripulación amotinada, festejando con las provisiones del barco y regodeándose con la carne y embriagándose con los licores, pero negándose a llevar el navío a puerto» (pp. 45-46). [*El gobierno popular*, Centro de Estudios Políticos y Constitucionales, Madrid, 2016, traducción de Siro Rodríguez del Mazo].

22. De una carta al capitán Mercer, 26 de febrero de 1790, en *Correspondence of the Right Honourable Edmund Burke: Between the Year 1744, and the Period of his Decease, in 1797*, F. & J. Rivington, Londres, 1844, p. 147.

23. Catherine Cleverdon, *The Woman Suffrage Movement in Canada*, Toronto University Press, Toronto, 1950, p. 215.

24. François Guizot, *Histoire des origines du gouvernement représentatif, 1821-1822*, 1822, Didier, París, traducido al inglés como *The History of the Origins of Representative Government in Europe*, Henry G. Bohn, Londres, 1861, parte 1, conferencia 1,

p. 12. [*Historia de los orígenes del gobierno representativo en Europa*, KRK Ediciones, Oviedo, 2009. Traducción de Marceliano Acevedo Hernández].

25. Charles F. Adams (ed.), *The Works of John Adams*, Little, Brown & Co., Boston, 1856, volumen 6, p. 469.

26. Benjamin Franklin, «Madison Debates», 26 de julio de 1787, extraído de la Biblioteca Legal Lillian Goldman, Facultad de Derecho de Yale, https://avalon.law.yale.edu/18th_century/debates_726.asp

27. James Fenimore Cooper, *The American Democrat: Or, Hints on the Social and Civic Relations of the United States of America*, C. K. McHary, Cooperstown, 1838, pp. 122-23.

28. La expresión «cesarismo democrático» era el título de una obra muy interesante del diplomático venezolano, antiguo funcionario de aduanas, erudito, periodista, editor y director de los archivos nacionales Laureano Vallenilla Lanz, *Cesarismo democrático. Estudios sobre las bases sociológicas de la constitución efectiva de Venezuela*, Empresa El Cojo, Caracas, 1919.

29. De la entrevista con Rosas por Vicente G. y Ernesto Quesada (Southampton 1873), en Arturo Enrique Sampay, *Las ideas políticas de Juan Manuel de Rosas*, Icon Juárez, Buenos Aires, 1972, pp. 215, 218-19; el discurso de Palermo se describe en la correspondencia de Enrique Lafuente a Félix Frías, 18 de abril de 1839, en Gregorio F. Rodríguez (ed.), *Contribución histórica y documental*, Casa Jacobo Peuser, Buenos Aires, 1921-22, volumen 2, pp. 468-69.

30. John Stuart Mill, «Thoughts on Parliamentary Reform» (1859), en J. M. Robson (ed.), *The Collected Works of John Stuart Mill, Volume XIX: Essays on Politics and Society*, University of Toronto Press, Toronto, 1977, pp. 322-25.

31. Alexis de Tocqueville, *Democracy in America* (ed. J. P. Mayer), Doubleday, Garden City, 1969, volumen 1, p. 12. [*La democracia en* América, ediciones en Alianza, Aguilar, Akal, Trotta, etc.].

32. Alexander Keyssar, *The Right to Vote: The Contested History of Democracy in the United States*, Basic Books, Nueva York, 2000.

33. Doce meses después de empezar la Segunda Guerra Mundial, las democracias electorales que sobrevivían incluían Australia, Canadá, Chile, Costa Rica, Nueva Zelanda, Suecia, Suiza, Reino Unido, los Estados Unidos de América y Uruguay. A pesar de su uso de un colegio electoral para elegir a un presidente bajo condiciones de alta seguridad debido a la guerra, Finlandia también se podría incluir en el grupo de supervivientes.

34. Las citas son de «Duce (1922-42)», TIME, 2 de agosto de 1943; Emil Ludwig, *Talks with Mussolini* (traducido al inglés por Eden y Cedar Paul), Allen & Unwin, Londres, 1932 [*Conversaciones con Mussolini*, Editorial Juventud, Barcelona, 1979, traducción de Gonzalo de Reparaz]; Stephen J. Lee, *Aspects of European History, 1789-1980*, Taylor & Francis, Londres, 1988, p. 191; y Christopher Hibbert, *Benito Mussolini: The Rise and Fall of Il Duce*, Penguin Books, Harmondsworth, 1965, p. 40. [*Mussolini*, Editorial San Martín, Madrid, 1975. Traducción de Diorki].

35. José Batlle y Ordóñez, «Instrucción Para Todos», *El Día*, 4 de diciembre de 1914.

36. Thorstein Veblen, *The Vested Interests and the Common Man*, B.W. Huebsch, Nueva York, 1946 (publicado por primera vez en 1919), p. 125.

37. Max Scheler, *Trois essais sur l'esprit du capitalisme. Sauvés par le travail?*, Éditions Nouvelles Cécile Defaut, Nantes, 2016. [*Tres ensayos sobre el problema del espíritu capitalista*, Guillermo Escolar, Madrid, 2021, traducción de Julián Natucci].

38. Harold J. Laski, *Democracy at the Cross-Roads*, National Council of Labour, Londres, 1934.

39. Barrington Moore, Jr., *Social Origins of Dictatorship and Democracy*, Beacon Press, Boston, 1966, p. 418. [*Los orígenes sociales de la dictadura y la democracia: el señor y el campesino en la formación del mundo moderno*, Ariel, Barcelona, 2015].

40. Jürgen Kocka, *Capitalism Is Not Democratic and Democracy Not Capitalistic*, Firenze University Press, Florencia, 2015, p. 24.

41. Citado en F. C. Egerton, *Salazar, Rebuilder of Portugal*, Hodder & Stoughton, Londres, 1943, pp. 224-27.

42. Walter Lippmann, *The Phantom Public*, Routledge, New Brunswick y Londres, 1993 (publicado por primera vez en 1925), pp. 15, 28; Edward Bernays, *Propaganda*, H. Liveright, Nueva York, 1928, pp. 9-10. [*El público fantasma*, Genueve Ediciones, Pamplona, 2011, traducción de César García Muñoz].

Parte III: Democracia monitorizada

1. Ejemplos de esas diversas interpretaciones incluyen a Francis Fukuyama, *The End of History and the Last Man*, Free Press, Nueva York, 1992 [¿*El fin de la historia?* y otros ensayos, Alianza, Madrid, 2015, traducción de María Teresa Casado Rodríguez]; Wolfgang Streeck, *How Will Capitalism End? Essays on a Failing System*, Bloomsbury, Londres, 2017; David Stasavage, *The Decline and Rise of Democracy: A Global History from Antiquity to Today*, Princeton University Press, Princeton, 2020; y Nadia Urbinati y Arturo Zampaglione, *The Antiegalitarian Mutation: The Failure of Institutional Politics in Liberal Democracies*, Columbia University Press, Nueva York, 2013.

2. Kader Asmal et al. (eds.), *Nelson Mandela in His Own Words: From Freedom to the Future*, Little, Brown, Londres, 2003, p. 62; el discurso está disponible en https://www.youtube.com/watch?v=-Qj4e_q7_z4

3. Todo el texto en audio del discurso pronunciado en Berlín Occidental el 26 de junio de 1963 se puede encontrar en www.americanrhetoric.com/speeches/jfkichbineinberliner.html

4. Sidney Verba, «Problems of Democracy in the Developing Countries», *Harvard-MIT Joint Seminar on Political Development, remarks*, 6 de octubre de 1976; Samuel E. Finer, *The Man on Horseback: The Role of the Military in Politics*, Penguin, Harmondsworth, 1976, p. 223.

5. John Keane, «Asia's Orphan: Democracy in Taiwan, 1895-2000», en *Power and Humility: The Future of Monitory Democracy*, Cambridge University Press, Cambridge y Nueva York, 2018, pp. 61-74.

6. Citado en John Keane, *Violence and Democracy*, Cambridge University Press, Cambridge y Nueva York, 2004, p. 1.

7. Se puede encontrar un relato completo de los hechos de Praga en *Václav Havel: A Political Tragedy in Six Acts* de John Keane, Bloomsbury, Londres y Nueva York, 1999.

8. Véase Freedom House, «Democracy's Century: A Survey of Global Political Change in the 20th Century», Nueva York, 1999.

9. Véase Francis Fukuyama, «The End of History?», *The National Interest*, Verano de 1989; y mi entrevista con él, «On the Road to Utopia?», *The Independent*, 19 de junio de 1999.

10. El estudio clásico es el de Frederic Charles Schaffer, *Democracy in Translation: Understanding Politics in an Unfamiliar Culture*, Cornell University Press, Ithaca, 2000; véase también Sheldon Gellar, *Democracy in Senegal: Tocquevillian Analytics in Africa*, Palgrave Macmillan, Nueva York, 2005, pp. 156-71.

11. Alan F. Hattersley, *A Short History of Democracy*, p. 237.

12. Debasish Roy Chowdhury y John Keane, «Tryst with Democracy», en *To Kill A Democracy: India's Passage to Despotism*, Oxford University Press, Oxford y Nueva York, 2021, pp. 3-37.

13. Friedrich von Hayek, *Law, Legislation and Liberty, Volume 3: The Political Order of a Free People*, Londres y Henley, University of Chicago Press 1979 [*Derecho, legislación y libertad*, Unión Editorial, Madrid, traducción de Lluis Reig Albiol]: «Debo admitir con franqueza que si se interpreta que la democracia significa el gobierno sin restricciones de la voluntad de la mayoría, entonces no soy demócrata, e incluso contemplo tal movimiento como pernicioso y a largo plazo impracticable» (p. 39); Joseph Schumpeter, *Capitalism, Socialism, and Democracy*, Harper & Brothers, Nueva York y Londres, 1942, p. 269. [*Capitalismo, socialismo y democracia*, Página Indómita, Barcelona, 2015, traducción de José Díaz y Alejandro Limeres].

14. John Keane, «Hopes for Civil Society», *Global Perspectives*, volumen 1, n.º 1, agosto de 2020, pp. 1-11.

15. Alexis de Tocqueville, *The Old Régime and the French Revolution* (trad. Stuart Gilbert), Garden City, 1955 (publicado por primera vez en 1856), parte 3, capítulo 4, p. 177: «Soportado pacientemente tanto tiempo que parecía no tener reparación posible, un agravio llega a parecer intolerable en cuanto la posibilidad de eliminarlo atraviesa la mente de los hombres. Porque el simple hecho de que determinados abusos se hayan remediado atrae la atención hacia otros que ahora parecen más mortificantes; la gente puede sufrir menos, pero su sensibilidad se ve exacerbada». [*El antiguo régimen y la revolución*, Alianza, Madrid, 2018, traducción de Dolores Sánchez de Aleu].

16. Presidente Franklin D. Roosevelt, Discurso a la Asociación de Corresponsales de la Casa Blanca, 15 de marzo de 1941.

17. El repensamiento radical del futuro mundial de la democracia durante la década de 1940 se discute extensamente en *Power and Humility* de John Keane.

18. C. S. Lewis, «Equality» (1943), en Walter Hooper (ed.), *Present Concerns: Essays by C.S. Lewis*, Harcourt Brace Jovanovich, Nueva York, 1986, p. 17, párrafo 1; Lin Yutang, *My Country and My People*, pp. 277-78.

19. J. B. Priestley, *Out of the People*, Collins, Londres, 1941, pp. 16-17, 111; Jacques Maritain, «Christianity and Democracy», manuscrito mecanografiado preparado como discurso ante la reunión anual de la Asociación Americana de Ciencias Políticas, Nueva York, 29 de diciembre de 1949; Joseph Schumpeter, *Capitalism, Socialism and Democracy*, p. 263.

20. Reinhold Niebuhr, *The Children of Light and the Children of Darkness: A Vindication of Democracy and a Critique of its Traditional Defenders*, Nisbet, Londres, 1945, p. vi.

21. Hannah Arendt, «Nightmare and Flight» (1945), en *Essays in Understanding 1930-1954*, Harcourt Brace & Company, Nueva York, 1994, p. 134; Carl J. Friedrich, *Constitutional Government and Democracy*, Little, Brown, Boston, 1941, p. 34 [*Gobierno constitucional y democracia*, Centro de Estudios Políticos y Constitucionales, Madrid, 1975, traducción de Agustín Gil Lasierra]; y Thomas Mann, *The Coming Victory of Democracy*, Yale University Press, Londres, 1943, p. 22.

22. John Keane, *Democracy and Media Decadence*, Cambridge University Press, Cambridge y Nueva York, 2013; véase también Ronald J. Deibert, *Reset: Reclaiming the Internet for Civil Society*, House of Anansi, Toronto, 2020.

23. Bruno Latour, «From Realpolitik to Dingpolitik or How to Make Things Public», en Bruno Latour y Peter Weibel (eds.), *Making Things Public: Atmospheres of Demo-*

cracy, MIT Press, Cambridge, 2005, pp. 14-41; Bruno Latour, *We Have Never Been Modern*, Cambridge, 1993 [*Nunca hemos sido modernos*, Debate, Barcelona, 1993]; y «The Parliament of Things», https://theparliamentofthings.org/

24. Pierre Rosanvallon, *Good Government: Democracy Beyond Elections* (trad. Malcolm DeBevoise), Harvard University Press, Cambridge, 2018, pp. 2-19. La interpretación es ingeniosa, pero se ve entorpecida por una falta de claridad en cuanto a la cronología de la transición (descrita de forma diversa como «a lo largo de los últimos dos siglos» y «unos treinta años») y su excesiva dependencia del caso de Francia. Las reformas democráticas propuestas para una «democracia permanente» equipada con robustos «mecanismos de vigilancia y supervisión» y «responsabilidad» se parecen mucho a la democracia monitorizada nacida en la década de 1940.

25. Richard Wike, Laura Silver y Alexandra Castillo, «Many Across the Globe Are Dissatisfed with How Democracy Is Working», Pew Research Center, Washington, DC, 29 de abril de 2019; Economist Intelligence Unit, «Democracy Index 2018», Londres, 2018; «Democracy for All?», *The V-Dem Annual Democracy Report 2018*, V-Dem, Gotemburgo, 2018; Freedom House, «Freedom in the World 2018», Washington, DC, 2018; y R.S. Foa et al., «Youth and Satisfaction with Democracy: Reversing the Democratic Disconnect?», Bennett Institute for Public Policy, Cambridge, octubre de 2020.

26. Los resultados de las diversas investigaciones se analizan en Debasish Roy Chowdhury y John Keane, *To Kill A Democracy*.

27. Ruchir Sharma, «The Billionaire Boom», *Financial Times*, 15-16 de mayo de 2021; Thorstein Veblen, *The Vested Interests and the Common Man*, p. 125.

28. Sheldon Wolin, *Democracy Incorporated: Managed Democracy and the Spectre of Inverted Totalitarianism*, Princeton University Press, Princeton y Oxford, 2008, pp. 286-87. [*Democracia, S.A.: la democracia dirigida y el fantasma del totalitarismo invertido*, Katz Editores, Madrid, 2008, traducido por Silvia Villegas].

29. Simon Reid-Henry, *Empire of Democracy: The Remaking of the West Since the Cold War, 1971-2017*, Simon & Schuster, Nueva York y Londres, 2019, parte 1.

30. Su Changhe, «Western Democracy Must Be Demoted from a Universal Idea to a Local Theory» (需将西方民主从普世知识降级为地方理论), *Guangming Daily*, 28 de mayo de 2016, http://news.sina.com.cn/c/2013-05-28/092127244512.shtml; Thomas Hon Wing Polin, «Democracy: A Western Tool for Domination», Global Times, 11 de febrero de 2018; la observación de Liu Cixin se cita en Jiaying Fan, «The War of the Worlds», *The New Yorker*, 24 de junio de 2019, p. 34; el internamiento se describe en Liu Cixin, «Post-Deterrence Era, Year 2 Australia», *Death's End*, Tor, Nueva York, 2016.

31. John Keane, *The New Despotism*, Harvard University Press, Cambridge y Londres, 2020.

32. Friedrich Nietzsche, *Twilight of the Idols* (trad. al inglés M. Hollingdale), Londres, 1990, pp. ix, 38. [*El ocaso de los ídolos*, ediciones de Alianza, Edaf, Folio, Gredos, etc.].

33. Nahum Capen, *The History of Democracy: or, Political Progress, Historically Illustrated, From the Earliest to the Latest Periods*, American Publishing Company, Hartford, 1874, p. v: «La historia de la democracia es una historia de principios, conectados con la naturaleza del hombre y de la sociedad. Todos los principios se centran en Dios [...] En las sublimes verdades del cristianismo se debe encontrar el modelo más elevado de conducta y empeño humanos».

34. James Mill, «Government» (1820), reimpreso como *An Essay on Government*, Cambridge University Press, Cambridge, 1937.

35. Richard Rorty, «The Priority of Democracy to Philosophy», en Richard Rorty, volumen I: *Objectivity, Relativism, and Truth*, Philosophical Papers, Cambridge University Press, 1991, pp. 257-82; compárese mi respuesta a esta forma de pensar en *The Life and Death of Democracy*, especialmente pp. 839-72.
36. Barack Obama, discurso en la ceremonia inaugural del 250º aniversario de la Universidad de Rutgers, 15 de mayo de 2016.
37. Jean-Luc Nancy, *The Truth of Democracy*, Fordham University Press, Nueva York, 2010, p. 27.
38. John Keane, «Silence, Early Warnings and Catastrophes», en *Power and Humility*, pp. 207-22.
39. Daniel Kahneman, *Thinking, Fast and Slow*, Penguin Books, Londres y Nueva York, 2011, p. 418. [*Pensar rápido, pensar despacio*, Debate, Barcelona, 2012, traducción de Joaquín Chamorro Mielke].

Créditos de las imágenes

p. 8:   Ley Dreros, foto cortesía del autor; William Blake según Peter Paul Rubens, «Demócrito», 1789, dominio público; Credo de Nicea, FLHC 39/Alamy.

p. 9:   René Louis de Voyer, Alamy; voto secreto, lp studio/Shutterstock; clavel, Oksana2010/Shutterstock; nudillos con «igualdad», Khabarushka/Shutterstock.

p. 14: Amanda Phingbodhipakkiya para MoveOn, 2020.

p. 17: Keystone Press/Alamy.

p. 19: Alaa Salah, Sudán, abril de 2019, AFP a través de Getty Images.

p. 20: Cesare Ripa, *Iconologie*, trad. Jean Baudoin, *Aux amateurs de livres*, París, 1643.

p. 27: Autor desconocido a través del Museo Instituto Oriental, Chicago.

p. 29: Autor desconocido a través de mesopotamiangods.com.

p. 31: *Consejo para un príncipe*, Neo-asirio, c. 650 a. C., excavado por George Smith, Kouyunjik, IraK. ©The Trustees of the British Museum.

p. 35: Museo estatal de Bellas Artes Pushkin, Moscú, a través de Wikimedia Commons.

p. 37: Foto cortesía del autor.

p. 41: Leo Von Klenze, *Vista ideal de la Acrópolis y el Areópago en Atenas*, 1846, ©bpk image agency.

p. 44: Eforato de antigüedades de la ciudad de Atenas, Antigua Ágora, ASCSA: Excavaciones del Ágora. ©Ministerio de Cultura y Deporte de Grecia/Organización Helénica para el Desarrollo de Recursos Culturales. Fotógrafo: Craig Mauzy.

p. 46: Rudolf Muller, *Vista de la Acrópolis desde el Pnyx*, 1863. ©Museo Benaki, Atenas.

p. 49: Stephan Vanfleteren.

p. 51: Eforato de Antigüedades de la ciudad de Atenas, Antigua Ágora, ASCSA: Excavaciones del Ágora. ©Ministerio de Cultura y Deporte de Grecia/Organización Helénica para el Desarrollo de Recursos Culturales.

p. 53: Eforato de Antigüedades de la ciudad de Atenas, Antigua Ágora, ASCSA: Excavaciones del Ágora. ©Ministerio de Cultura y Deporte de Grecia/Organización Helénica para el Desarrollo de Recursos Culturales.

p. 55: Pictorial Press Ltd/Alamy.

p. 56: Autor desconocido.

p. 60: Philip von Foltz, *La oración funeral de Pericles*, 1852. The Picture Art Collection/Alamy.

p. 69: Glenn O. Coleman, *Hoguera de la noche electoral*, 1928, Instituto de Bellas Artes de Detroit, EE. UU. ©Instituto de Bellas Artes de Detroit/Sociedad de Fundadores, Compras, Mrs. James Couzens, a través de imágenes Bridgeman.

p. 71: Archivo de imágenes históricas /Alamy.

p. 75: John Keyse Sherwin a partir de William Hogarth, *El político*, 1775, De Luan/ Alamy.

p. 80: Miguel Hermoso Cuesta a través de Wikimedia Commons.

p. 82: Museo Rosengarten a través de Wikimedia Commons.

p. 86: Autor desconocido a través de Wikimedia Commons.

p. 88: Autor desconocido, publicado por primera vez en *The Daily Mail*, Reino Unido, 1909.

p. 91: Aristóteles, *Politica: Le livre de politiques*, traducido por Nicolás Oresme, siglo IV, Biblioteca Real de Bélgica.

p. 92: James Gillray, «Charles James Fox, *Un demócrata, o razón y filosofía*», publicado por Hannah Humphrey, 1793, ©National Portrait Gallery, Londres.

p. 98: William Rider-Rider, 1917, Canadá. Biblioteca del Departamento de Defensa Nacional y Archivos de Canadá.

p. 103: José Clemente Orozco, *Las Masas (The Masses)*, 1935, a través de Alamy.

p. 109: Autor desconocido a través de Wikimedia Commons.

p. 113: Foto News/Archivo Luce.

p. 119: Autor desconocido a través de *Asahi Shimbun*.

p. 125: Gideon Mendel/Getty Images.

p. 127: Associated Press.

p. 129: Autor desconocido a través de Kingsandqueensofportgual.tumblr.

p. 131: Sueddeutsche Zeitung Photo/Alamy.

p. 135: Godong/Alamy.

p. 137: Autor desconocido.

p. 148: ©United Nations Photo.

p. 153: Foto - Thomas Dorrington, cortesía de Extinction Rebellion Cambridge.

p. 158: ITAR-TASS News Agency/Alamy.

p. 162: Autor desconocido.

Índice analítico